GUÍA PRÁCTICA DE TIKTOK

Redbook

Beatriz Iznaola

GUÍA PRÁCTICA DE TIKTOK

MA NON TROPPO

Diseño de cubierta: Regina Richling
Diseño de interior: Amanda Martínez

Fotografía de cubierta: Shutterstock

ISBN: 978-84-122311-3-7
Depósito legal: B-18.570-2020

Impreso por Sagrafic, Pasaje Carsi 6, 08025 Barcelona
Impreso en España - *Printed in Spain*

ÍNDICE

INTRODUCCIÓN

En los últimos años, hemos visto nacer y morir a bastantes redes sociales. Algunas de ellas fueron concebidas con un claro objetivo y han acabado siendo algo muy distinto. Sin embargo, tanto las redes como las personas, nos hemos ido adaptando a los tiempos que corren, a la competencia, a la inmediatez y, por supuesto, a las tendencias. Por ello, no es difícil ver que cada año lanzan al mercado o una nueva red social o una nueva función dentro de las ya algunas existentes que revoluciona el mercado. Lo complicado es seguirles la pista a todas y entender cómo funciona cada una de ellas. En el año 2014 aparecía en escena Musica.ly, una aplicación de vídeos cortos, que se situó entre las 40 apps más descargadas en el verano del año siguiente. Desde ese momento, se mantuvo como una de las aplicaciones con mayor número de descargas y empezó a equipararse a otras muy populares, como Snapchat o Instagram, que ya contaban con millones de usuarios.

A pesar de haber sido un éxito en su primer año de vida, en 2018 se vio obligada a cambiar su rumbo. Fue entonces, cuando la compañía china ByteDance la adquirió y la combinó con su propia app Douyin. Para el resto del mundo, el resultado fue lo que hoy conocemos como TikTok. Su debut llegó en agosto de ese mismo año y en septiembre ya había superado a Facebook, Instagram, Youtube y Snapchat en número de descargas mensuales. Con más de mil millones de descargas en su primer mes de vida, TikTok se posicionó como la app de vídeos cortos virales más popular del momento. Tras varios meses de éxito, encontró muy rápido su target en la Generación Z –los nacidos entre los años 1997 y 2015, aproximadamente–, aunque miles de *celebrities*, no pertenecientes a este rango de edad, también se sumaron a este boom, lo que, sin duda, potenció su fama.

Tanto si esta es tu app favorita, como si todavía no has escuchado hablar de ella, este libro es para ti. Esto no es un manual técnico, con palabras impronunciables y citas pomposas. Este libro quiere ayudarte a entender cómo funciona TikTok, la aplicación de moda que no deja de sumar seguidores y que te atrapa entre sus vídeos en bucle. ¡Bienvenidos al universo TikTok!

1

¿QUÉ ES TIKTOK Y CÓMO FUNCIONA?

Make your day. Real people. Real videos. (*Alégrate el día. Personas reales. Vídeos reales.*) Estas palabras son las primeras con las que nos encontramos al abrir la página de TikTok en el ordenador. Y, de hecho, no hallamos mucho más texto escrito dentro de la app. La creatividad, la originalidad, la sensualidad y la música son los únicos protagonistas.

Un poco de historia

En el año 2012, en Pekín, el emprendedor Zhang Yiming funda ByteDance. El joven viene del campo de la ingeniería de software, lo que, en primer lugar, le invita a trabajar en un agregador de noticias, que se bautizó como Toutiao. Su intención fue siempre lanzar una plataforma de noticias que funcionara gracias a la inteligencia artificial y que se distanciara de Baidu, el motor de búsqueda por excelencia de China, lo que en Occidente equivaldría a Google.

Con el paso de los años, la compañía tecnológica ByteDance se empieza a consolidar como la empresa paraguas de muchas aplicaciones sociales dentro del continente asiático. Entre ellas Douyin, la app de vídeos cortos más popular de China, que comienza a hacerse hueco en el panorama social en septiembre de 2016. Esta aplicación no suponía nada nuevo para el mercado chino, por lo que las expectativas de rentabilidad no eran demasiado altas. Sin embargo, su popularidad superó todos los pronósticos y en menos de un año, Douyin ya contaba con millones de usuarios y con más de mil millones de reproducciones diarias.

Tras el inesperado éxito, la firma decidió expandir la app más allá de sus fronteras. En el mercado internacional recibió el nombre de TikTok. Al mismo tiempo que Douyin iba ganando seguidores a nivel mundial, otra app estadounidense aparecía en escena: Musica.ly. Una red social fundada por dos amigos, Alex Zhu y Luyu Yang, que permitía subir vídeos de hasta 15 segundos con música y sonidos de fondo. En el verano de 2015, esta nueva red social lideraba el TOP 5 dentro de App Store. Ambas, Douyin y Musica.ly eran competidoras directas de una tercera app: Vine. Sin embargo, esta se vio obligada a cerrar en octubre de 2016 y la mayoría de sus usuarios acabaron, casi directamente, en Musica.ly. Visto el éxito de esta red social norteamericana, a finales de 2017, la compañía asiática tecnológica ByteDance apostó por ella. La compra superó los 1.000 millones de euros y, tras la adquisición, la empresa china fusionó Musica.ly con su propia app Douyin (conocida ya en el resto del mundo como TikTok). De esta ingeniosa unión, nació TikTok tal y como lo conocemos hoy.

En agosto de 2018, ByteDance anunció públicamente que Musica.ly iba fusionarse con Douyin y que todos los perfiles serían traspasados automáticamente a la nueva plataforma, es decir, a TikTok. Los creadores explicaron que la fusión era un movimiento natural dada la experiencia de usuario que ofrecían ambas aplicaciones y demostraron al mundo cuál era su cometido: fundar una comunidad donde cualquiera pudiera ser un creador. Con esta declaración de intenciones sobre la mesa, la red social potenció el nacimiento de una nueva generación de estrellas, como Loren Gray o Baby Ariel. Todos los creadores que se han formado dentro de la app son reconocidos como *tiktokers*.

Cuál es su nicho de mercado

La "nueva generación" que ha nacido tras el boom de la app, más allá de las fronteras asiáticas, pertenece, en su mayoría, a la denominada Generación Z que, como se mencionaba con anterioridad, son los nacidos entre los años 1997 y 2015. Esta generación no concibe un mundo sin teléfono móvil, son los verdaderos nativos digitales, y son mucho más emprendedores que todas las generaciones anteriores. Además, están acostumbrados a la inmediatez y suelen ser completamente autodidactas. Sin duda, TikTok ha sabido encontrar su nicho de mercado muy rápido. Aunque más del 20% de sus usuarios son menores de 20 años, la red social cada vez cuenta con más perfiles que superan los 30. Por ello, su estrategia actual no está únicamente enfocada a los jóvenes *centennials* o *postmillennials*.

Entre todas las nuevas celebridades que se han consolidado como una nueva generación de *influencers* dentro del universo TikTok, destacan, sobre todo, aquellas que se dedican a bailar y a cantar. Las cuentas con mayor número de *followers* (seguidores) son las de chicas jóvenes que se graban a sí mismas bailando la canción del momento. A excepción de Zach King, cineasta y eminencia en Youtube que supera los 30 años, el top 5 de las cuentas más influyentes de todo el mundo está ocupado por tres chicas y ninguna alcanza los 22 años.

Entre ellas, se encuentra Loren Gray, cantante estadounidense que cuenta con más de 47 millones de seguidores en su perfil. Nacida en 2002, llegó al estrellato gracias a Musica.ly, lo que la convierte en la que más experiencia tiene en este mundillo, dentro de la lista de las *tiktokers* más influyentes. Aunque, actualmente, sus vídeos tienen una media de diez millones de reproducciones, su camino empezó en el año 2015, cuando solo tenía 13 años y consiguió abrirse una cuenta en la app norteamericana de vídeos virales, Musica.ly. Rápido se posicionó como uno de los perfiles con más seguidores dentro de la plataforma. Tan solo unos meses después, protagonizó portadas de revistas como *Teen Vogue* y empezó a ser embajadora de productos de moda y belleza. Aunque, sobre todo, logró el sueño de ser cantante, pues desde entonces ha firmado contratos millonarios con las discográficas *Virgin Records* y *Capitol Records*.

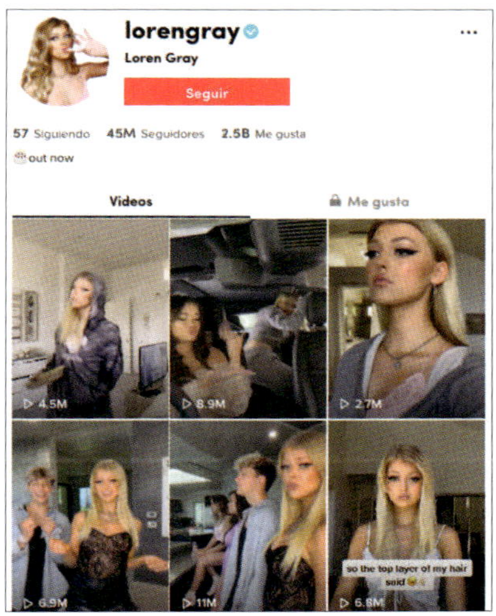

Feed del perfil oficial de Loren Gray en TikTok

Aunque si hay alguien que destaca dentro de TikTok esa es Charli D'Amelio, una bailarina norteamericana, que ocupa el número 1 del ranking con casi 90 millones de seguidores y con una media que supera los 25 millones de reproducciones en todos sus vídeos. No solo es un mérito porque millones de personas vean sus vídeos diariamente, sino porque lo ha conseguido en menos de un año, ya que solo lleva en la aplicación desde el verano de 2019.

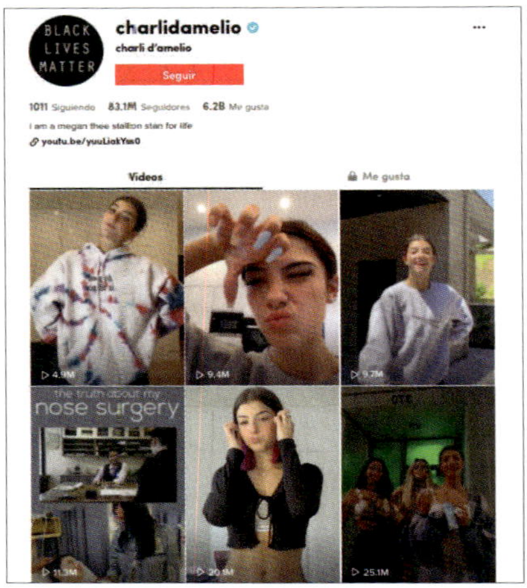

Feed del perfil oficial de Charli D'Amelio en TikTok

Que los perfiles con más *followers* sean jóvenes menores de 22 años dice mucho del tipo de espectadores que tienen, normalmente, situados también en esa franja de edad. Según datos de la empresa de análisis de aplicaciones Sensor Tower, dos tercios de los usuarios de Estados Unidos son menores de 30 años. Y, aunque las chicas sean líderes en los rankings, hay mayor presencia del sexo masculino. Según los estudios realizados, actualmente, hay dos usuarios masculinos por cada perfil femenino. De esta manera, queda claro que la audiencia con mayor actividad y presencia se localiza, principalmente, entre la Generación Z. Sin embargo, dentro de la aplicación también podemos encontrar a celebridades mayores, como la actriz y productora Reese Witherspoon o Will Smith. En TikTok no hay normas de edad (más allá de que hay que ser mayor de 13 años para poder abrirse una cuenta), pero sí parece que la red social está enfocada a aquellos que les gusta bailar frente a la cámara, hacer retos y reírse de sí mismos, todo siempre con mucho estilo y sensualidad.

La nueva app de vídeos virales

¿Alguien se acuerda de Vine? Sí, esa aplicación de vídeos cortos divertidos y originales, que se hacían virales en cuestión de minutos. Efectivamente, suena igual que TikTok. Y es que, básicamente, es lo mismo. Vine, propiedad de Twitter, fue un éxito durante el año 2013. Tanto era así que se disputaba con Instagram el primer puesto como la app preferida de los usuarios para compartir sus vídeos. Sin embargo, en 2015, Twitter se centró mucho más en desarrollar Periscope, su otra aplicación de vídeos, y dejó de invertir en Vine. En aquel momento, todo apuntaba a que Periscope, Facebook Live y Snapchat, que acababa de aparecer en escena, serían la tendencia. Así, en octubre de 2016, Twitter anunció que Vine desaparecía definitivamente. Fue entonces cuando Musica.ly empezó a coger fuerza para acabar convirtiéndose, dos años más tarde, en TikTok y ser un éxito mundial. Muchos analistas afirman que el cierre de Vine fue el empujón decisivo para la que sería la nueva app de vídeos cortos virales. ¿A qué nos referimos cuando hacemos referencia al término *viral*? La Real Academia de la Lengua Española lo define como "un mensaje o un contenido que se difunde con gran rapidez en las redes sociales a través de internet." Y así es. Intentar que tu contenido sea viral no tiene mayor misterio que el de conseguir hacer que sea tan divertido o interesante como para que despierte el interés de miles o millones de personas y que estas lo compartan.

Aunque hay ciertos vídeos que se hacen populares sin mucho esfuerzo, ya sea porque es muy divertido o porque es sorprendente, hay ciertas técnicas que ayudan a la viralidad. Una de ellas es retar a otros usuarios. Esto se hace a través de hashtags y menciones directas. Uno de los retos, también conocidos como *challenges*, más famosos de los últimos años tuvo lugar en el año 2018, conocido como el #RaindropChallenge y que, a día de hoy, sigue teniendo adeptos. Básicamente, consiste en "controlar" gotas de lluvia utilizando un filtro específico para ello. Aunque parezca fácil no lo es, porque en TikTok la creatividad reina por encima de todas las cosas y ser original después de más de un billón de visualizaciones es una tarea bastante complicada.

Pantallazo del perfil de @ewaasangu en TikTok participando en el #RaindropChallenge. Este vídeo recibió 1.2M de *likes* y más de 2.500 comentarios.

Los analistas ya han definido a esta aplicación como la que mejores resultados obtiene en lo que a viralidad se refiere. Esta característica es una de sus claves y mucho le tiene que agradecer a su sistema de recomendaciones. Hasta hace poco, no se sabía cómo funcionaba el algoritmo de recomendaciones de la app, por lo que nadie llegaba a comprender por qué un contenido recibía miles de reproducciones y otro se quedaba en apenas un centenar. Ahora, TikTok ha revelado, más o menos, cómo actúa su sistema y resulta algo más sencillo entenderlo.

Cómo funciona su sistema de recomendaciones

Al abrir la aplicación hay una primera sección que se llama "Para ti" y en ella aparecen vídeos en bucle, que son, supuestamente, aleatorios. Sin embargo, el orden de aparición no es casual, pues este *feed* es diferente para cada usuario. ¿Por qué cada persona ve vídeos distintos? ¿De qué depende que aparezca un contenido u otro? Según explica la compañía, las recomendaciones están basadas en unos indicadores específicos, entre los que destacan:

- ❑ Interacciones del usuario como *likes*, vídeos compartidos, cuentas a las que sigue y comentarios que deja a otros *tiktokers*.
- ❑ Contenido de los vídeos creados, que incluye desde los *hashtags* que los acompañan hasta los sonidos o los filtros utilizados.
- ❑ Configuración de la cuenta, como el idioma o el país de ubicación, aunque estos tienen mucho menos peso que los anteriores, ya que no se considera que sean datos determinantes para que guste más un contenido que otro.

Todos estos factores son procesados por la aplicación y se valoran según la importancia que les dé el propio sistema de recomendaciones. Por ejemplo, uno de los indicadores con mayor fuerza son los segundos que un usuario dedica a ver un vídeo. Es decir, si lo visualiza de principio a fin el sistema entiende que es un contenido de su interés, por lo que afinará los siguientes resultados basándose en contenidos que tengan una duración similar. Además, según confirman los creadores de la red social, una de las claves de su sistema es que es tan inteligente como para no recomendar dos contenidos excesivamente parecidos seguidos el uno del otro. Con esto, un usuario puede ver un vídeo de alguien bailando con la canción del momento y, seguidamente, uno de una persona haciendo ejercicios para tonificar sus músculos. El objetivo es que pase el mayor tiempo posible dentro de la aplicación y, por ello, el sistema está configurado de tal manera que un usuario no verá nunca vídeos duplicados, ni dos vídeos iguales –con el mismo filtro o sonido de fondo– consecutivos.

Otro de los puntos destacables de su sistema de recomendaciones es que no tiene en cuenta el número de seguidores que tiene un perfil o si este ya ha publicado anteriormente vídeos con mucho éxito. Así, mientras que en otras plataformas sociales prima el contenido de los *influencers* o de las marcas, en esta manda el contenido de interés para quien lo está mirando. Por este motivo, y algunos otros que iremos descubriendo a lo largo de la lectura, es la red social de vídeos virales por excelencia. No importa quién seas, porque si tu contenido es creativo, original y gusta, sin duda, se hará viral.

2

EL ÉXITO DE TIKTOK

Las redes sociales suelen jugar con el sentimiento de pérdida, es decir, los usuarios cuando no están activos en la red sienten que se están perdiendo algo. Es lo que en inglés se denomina como "Fear of missing out". Los creadores de estas aplicaciones saben manejar esto a su favor. Hasta ahora, casi todas las aplicaciones sociales se han aprovechado de ello haciendo hincapié en que si no estabas activo te perderías lo que estaban haciendo tus amigos en ese momento. Así es cómo funcionan aplicaciones populares como Instagram o Facebook, por ejemplo. Si entras en tu cuenta de cualquiera de las dos apps verás vídeos de tus amigos en una fiesta, fotografías de tu ex pareja en la playa o a todos tus compañeros de trabajo juntos en una comida justo el día que tú no has ido a la oficina. "Siempre te estás perdiendo algo", te repiten, tanto en la red social como en la vida real. Sin embargo, en el *feed* de TikTok no es común ver a todos tus amigos bailando el último *hit*, ni a tu ex gastándole una broma a su madre. No, en TikTok ves lo que está pasando en el mundo. En esta red social no te pierdes lo que ocurre a tu alrededor, sino que el sentimiento es que ese "algo" que se te escapa es la app en sí misma.

Motivos de su éxito

Hacía años que una app no se ponía de moda tan rápido como TikTok. El último caso parecido tuvo lugar con Snapchat, la red social que nació en septiembre de 2011 y a través de la que se envían fotografías y vídeos instantáneos. Es decir, en esta app es posible elegir durante cuántos segundos puede ver el receptor lo que le has enviado. Una vez pasado ese tiempo, el contenido se elimina. El éxito de esta app de contenido perecedero se basaba, principalmente, en que era una forma rápida, sencilla e imperfecta de compartir contenido con tus contactos. Por primera vez, se dejaba a un lado la obsesión por la perfección dentro del universo de las redes sociales. Sin embargo, entre el lanzamiento del formato *stories* de Instagram y el nacimiento de otras apps como TikTok, la red social empezó a perder adeptos. Aun así, todavía sigue aumentando su cifra de usuarios, declarando un total de más de 218 millones de usuarios diarios a principios de 2020.[1]

Al igual que TikTok, Snapchat triunfó, y lo sigue haciendo, entre los más jóvenes y esto no es casualidad. Son apps que te atrapan en su contenido y TikTok todavía da un paso más allá. Si algo define a los más jóvenes es su necesidad de "aquí y ahora". Las nuevas generaciones han crecido con la inmediatez como ley de vida y TikTok satisface esta inquietud. Nadie puede negar que es una plataforma de vídeos cortos que engancha, ya que combina todos los mecanismos desencadenantes de dopamina que, por un lado, provocan adicción y, por otro, felicidad. Ambas sensaciones son excitantes para el cuerpo y la mente. A veces, cuando leemos el concepto "adicción" tendemos a asociarlo a algo negativo, pero en este caso no lo es. De hecho, podríamos decir que se trata de justamente lo contrario. Porque, según afirmaba *The New York Times* en uno de sus artículos[2], TikTok es la única red social agradable que existe en el mercado actualmente. El diario estadounidense lo argumentaba desde el punto de vista de la seguridad digital, ya que la aplicación tiene un estricto cumplimiento de la privacidad, la seguridad de los menores y una firme postura contra el *ciberbullying*, tal y como determinan en su página web[3].

Según un estudio sobre acoso, publicado por la Fundación ANAR (Ayuda a Niños y Adolescentes en Riesgo)[4], la edad a la que un niño comienza a sufrir *bullying* es a partir de los 13 años. Y esta es, precisa-

1. Datos publicados en Snap Inc. Announces First Quarter 2020 Financial Results https://investor.snap.com/news-releases/2020/04-21-2020-210949737
2. Artículo publicado en The New York Times en diciembre de 2018 https://www.nytimes.com/2018/12/03/technology/tiktok-a-chinese-video-app-brings-fun-back-to-social-media.html?smtyp=cur&smid=tw-nytimes
3. Política de TikTok en contra del cyberbullying https://www.tiktok.com/safety/resources/anti-bully?lang=en
4. III Estudio sobre acoso escolar y ciberbullying según los afectados https://www.anar.org/wp-content/uploads/2018/09/III-Estudio-sobre-acoso-escolar-y-ciberbullying-seg%C3%BAn-los-afectados.pdf

mente, la edad a la que un joven puede abrirse un perfil dentro de la red social. Sin embargo, a propósito de esto, responsables del equipo de seguridad *online* de TikTok España ofrecían una entrevista al diario *El Español*, en la que explicaban el procedimiento que siguen para evitar el acoso dentro de la aplicación: "Cuando yo veía un vídeo con un saludo nazi, concluía que es una violación de las reglas porque hay discurso de odio. Este contenido lo recibía otra persona de mi mismo equipo. Si llega a la misma conclusión que yo, el vídeo se borra. Pero si no coincidíamos, el vídeo iba a China, donde han escrito los protocolos de actuación". Aunque no siempre resulta sencillo determinar qué es *bullying* y qué no lo es. "A veces no podía distinguir si era *bullying*, una broma o algo que se me escapaba por falta de contexto", declaraba uno de los responsables en la entrevista.

Asimismo, el estudio determina que los jóvenes menores de 25 años son los que más acoso digital sufren y la gran parte de las agresiones tienen lugar en las redes sociales. Por ello, que el equipo de TikTok tenga una política inflexible frente al ciberacoso habla muy positivamente de la compañía. Aparte de esto, que es fundamental, la app cuenta con muchas características que la hacen exitosa por definición.

- ❏ A diferencia de otras redes sociales, TikTok está optimizada de tal manera que el usuario es la prioridad. El contenido está completamente enfocado a la persona que lo está viendo, gracias a su sistema de recomendaciones. Es decir, normalmente, el usuario va a ver lo que le interesa de verdad y no lo que la app quiere que vea, ya sea por motivos publicitarios y/o económicos.
- ❏ La app puede parecer confusa y esto te atrapa en ella. Si eres un novato es difícil saber por qué estás viendo lo que estás viendo. En otras redes sociales es sencillo, porque ves lo que publican las personas a las que sigues o lo que las marcas publicitarias quieren que veas. Pero en TikTok no es así. Para ver un contenido no es necesario que sigas a nadie, de hecho, ni siquiera es obligatorio tener un perfil abierto –esto lo abordaremos más adelante– para poder ver el contenido.
- ❏ A pesar de no saber qué estás viendo realmente, ni por qué, el sistema de recomendaciones es tan bueno que, tras llevar va-

rios minutos dentro de la app, consigue que la mayoría del contenido que estás visualizando sea de tu interés. Además, nunca verás dos vídeos iguales seguidos, ya que los expertos creen que esto provoca una disminución del interés por parte de los usuarios.

- Asimismo, se trata de una plataforma que muchos han bautizado como "fábrica de la fama", ya que en cuestión de meses puede "crear" estrellas virales de la nada. Esto fue lo que le ocurrió a Loren Gray, que gracias a TikTok, en muy poco tiempo, logró su sueño de ser cantante, firmando contratos con discográficas de la talla de Virgin Records y Capitol Records. Además, a lo largo de 2019 y principios de 2020 se consagró como la red social que más ha ayudado a los artistas independientes, que acaban de comenzar, a potenciar su carrera.
- Haciendo referencia al "aquí y ahora" que tanto define a los más jóvenes de la población, TikTok ha tomado al pie de la letra ese requisito primario de los *millennials* y de la Generación Z. Pero no es solo que la app represente la inmediatez en sí misma, sino que TikTok ofrece algo novedoso y que tanto aclaman los *teeneagers*: la fama rápida. Muchos son los ejemplos de artistas que se han convertido en nuevas estrellas gracias a esta red social. Y, además, ni siquiera hace falta tener un don demasiado especial para convertirte en una celebridad *tiktoker*. Si tu contenido es llamativo y gusta, se puede hacer viral muy rápido. Lo que se traduce en miles de visualizaciones y muchos *likes*.
- Otro de los motivos de su éxito está muy relacionado con el punto anterior. La fama rápida se consigue a través de clips atractivos, graciosos o sensuales (no se puede negar, en la app se desborda sensualidad). El contenido se distribuye, principalmente, en las siguientes categorías:
  - Vídeos llamativos, ya sea porque se trata de movimientos de saltos en acantilados, movimientos en *longboard* o retos deportivos que resultan entretenidos.

- ▷ Vídeos divertidos, entre los que destacan las parodias, las bromas a amigos o familiares y las imitaciones de personajes de películas o series de televisión.
- ▷ Vídeos sensuales que, habitualmente, están protagonizados por chicas y chicos de menos de 30 que se mueven delante de la cámara como si se hubieran dedicado a ello toda la vida. El proceso es el siguiente: seleccionar unos segundos del último éxito musical y realizar unos pasos de baile. Si eres *influencer* lo inventas tú y, si no, imitas el de algún *tiktoker*. Fue así cómo nacieron los *challenges* (retos), que abordaremos más adelante.

❑ Entre la variedad de clips, están los llamados "duetos" o "dúos". En ellos la pantalla se divide y, generalmente, en un lado aparece el vídeo original y en el otro la respuesta de un segundo usuario. Pueden ser réplicas de bailes, parodias del original, dúos de cantantes que están en lugares diferentes o, simplemente, vídeos que se complementan uno con otro. Ejemplo de esto es el vídeo que hicieron Madison Beer y Charli D'Amelio a tres pantallas y que han visto más de nueve millones de usuarios.

Vídeo completo en el perfil de Madison Beer

- Aunque, quizá, el verdadero éxito reside en una única idea: a pesar de triunfar entre los nacidos después del año 2000, es una red social para todos. Con el boom, muchos adultos también se han unido a la app. Entre ellos, el presentador y humorista Jimmy Fallon (The Tonight Show Starring Jimmy Fallon) dedicaba unos minutos en su programa a hablar sobre sus primeros pasos en la red social y algunos de los *challenges* que había realizado, todo contado desde el humor y la comedia. Incluso, llegó a proponer una sección sobre *challenges* dentro de la app.

Corte del programa donde Jimmy Fallon propone el Tonight Show Challenges

Otro magnífico ejemplo de que TikTok no es únicamente para los más jóvenes, es Zach King, cineasta y eminencia en Youtube, que se encuentra en el top 5 de las cuentas más influyentes a nivel global dentro de la red social. Sus vídeos son magia pura y no porque sea mago, sino porque es el rey de los efectos especiales. Tan pronto "extrae" zumo directamente de una naranja, como "escapa" de una cárcel con ayuda de su propia sombra.

Vídeos completos en el perfil de Zach King

Visión y estrategia de la empresa

Desde que, en agosto de 2018, ByteDance anunció de manera pública que fusionaría su propia app de vídeos cortos, Douyin (TikTok en el resto del mundo), con la recién adquirida Musica.ly, su estrategia se ha basado en ser diferente al resto de redes sociales del mercado. Deja atrás muchas de las reglas que proponen las demás plataformas sociales, aunque hayan funcionado y, de momento, les está saliendo muy bien. Uno de los cambios más relevantes es que cuestiona la primacía de las conexiones con los contactos individuales entre los usuarios dentro de la app. Es decir, nuestros amigos/seguidores no son una prioridad para el sistema de recomendaciones de TikTok a la hora de mostrar un contenido u otro. De esta forma, acepta sin reparos que el control es únicamente suyo, al contrario del resto de apps que fingen no tenerlo. Así, se ha demostrado que no sólo nos interesa el contenido de nuestros contactos, sino que queremos ver vídeos que nos llamen la atención, los haga nuestro mejor amigo o alguien de otro país que no conocemos.

A partir de esta filosofía de empresa, y teniendo en cuenta cómo funcionan las demás plataformas, nacen varias preguntas: en el resto de redes sociales, ¿nos frenan nuestros contactos? ¿Solo vemos aquello que nos rodea? ¿El límite está en nuestro entorno? ¿Y si lo que hay más allá de nuestras fronteras sociales nos resulta más interesante? Con esto, los analistas ya afirman que la verdadera influencia de TikTok es cambiar el paradigma de los sistemas de recomendaciones del resto de apps, para que los usuarios puedan ver más allá de su círculo social.

Otro de los giros que plantea es la resistencia a la tentación de monetizar agresivamente el contenido de la red social y esto juega a favor de sus usuarios. En otros términos: TikTok no antepone la publicidad intrusiva a los clips que crean sus propios usuarios, mientras que otras plataformas sí lo están haciendo. Que no tenga como prioridad avasallar a sus usuarios con anuncios, no quiere decir que no incluya publicidad (esto lo veremos más adelante). Pero si no insertan anuncios entre las publicaciones y es de uso gratuito para todos, ¿cómo ganan dinero? Esto todavía sigue siendo un misterio, es una app muy joven, que está revolucionando el mercado, y que guarda muy bien sus secretos. Aunque no sepamos qué hay detrás de su modelo de negocio, económicamente hablando, sí sabemos que la app está generando dinero constantemente.

A pesar de la crisis del coronavirus, la agencia de noticias Reuters, informaba a principios del verano de 2020 que ByteDance, la compañía propietaria de TikTok, había incrementado sus ingresos en un 130% durante el primer trimestre del año, aunque la empresa china no ha querido hacer declaraciones públicas sobre su situación financiera. Según Reuters, y a pesar del éxito mundial de TikTok, el grueso del aumento monetario no proviene de esta app, sino de la publicidad en otras de sus aplicaciones como el agregador de noticias Toutiao. Las fuentes de la agencia, aseguran que la valoración de ByteDance se sitúa entre los 95.000 millones de dólares y los 140.000 millones. En caso de querer salir a bolsa, se consolidaría como una de las *startups* más rentables de todo el mercado actual.

Teniendo los datos sobre la mesa, la cuestión es: ¿cuál es el verdadero objetivo de ByteDance? En la página web de la compañía se expone muy resumidamente cuál es su misión. A lo largo de la explicación es posible leer constantemente palabras como: creatividad, inspirar, confiar o enriquecer. Más allá de estas palabras, que se venden por sí solas, su misión sería la siguiente, tal y como han afirmado en numerosas ocasiones: "Nuestra misión es crear un conjunto global compuesto por plataformas de creación e interacción. No solo queremos entregar información al usuario, sino ser un centro de actividad creativo donde puedan hospedarse y nutrirse todos los creadores. Esta filosofía es la base del desarrollo de todos nuestros productos. Más allá de nuestro producto estrella, Toutiao, el agregador de contenido más popular de China, también hemos desarrollado un amplio portfolio de productos reconocidos globalmente, siendo los más notables TikTok y TopBuzz."

La empresa siempre lleva por bandera su estrella Toutiao, aunque nunca deja atrás a su no tan pequeña plataforma de vídeos cortos, TikTok o Douyin en China, que consigue reunir a los más jóvenes dentro de una misma aplicación. Y, además, estos crean mucho contenido de forma constante, lo que le permite a la compañía nutrirse de creaciones variadas y divertidas sin necesidad de tener que hacer nada, o casi nada. Según afirma la propia ByteDance, el *engagement*[5] que se genera en todos sus productos potencia la creación continuada de contenido. Así, acumulan una gran cantidad de contenido creado por sus propios usuarios. Pero y esto, ¿en qué les beneficia? En mejorar la experiencia dentro de cada una de sus plataformas. Cuando obtienen una gran cantidad de datos, los agregan a su algoritmo, que funciona con la técnica *machine learning* o aprendizaje automático, y esto refina aún más la calidad del contenido de los usuarios. Además, con ello consiguen que la participación crezca asiduamente y que la generación de datos nunca decaiga. De este modo, el proceso se convierte en un ciclo perpetuo con el que se pretende conseguir optimizar cada una de las etapas del ciclo de vida del contenido: creación, moderación, curación, recomendación e interacción.

Así, la compañía afirma que utiliza el aprendizaje automático (*machine learning*) y la IA (Inteligencia Artificial) tanto para mejorar la experiencia

5. "Es la capacidad de un producto (una marca, un blog, una aplicación) de crear relaciones sólidas y duraderas con sus usuarios generando ese compromiso que se establece entre la marca y los consumidores. Cuanto más sepamos sobre el usuario, mejores tácticas podremos implantar para que esa relación sea sólida y duradera." Fuente: 40defiebre https://www.40defiebre.com/que-es/engagement

dentro de las apps, como para enriquecer la creación de contenido. En cuanto a la primera, la IA participa en la evaluación de los *feeds* de los usuarios, en los canales y, por supuesto, en las fuentes de entrada de cada una de sus apps. Por otro lado, respecto a la creación, la IA se alimenta de la extensa producción de contenidos, imágenes y vídeos para acrecentar las plataformas. Este aprendizaje continuo, gracias al uso e interacción de los usuarios, permiten que ByteDance esté en constante crecimiento y desarrollo. La empresa sabe que sin la Inteligencia Artificial todo sería mucho menos productivo. De esta manera, en 2016 crearon su propio Laboratorio de Inteligencia Artificial, que denominaron AI Lab y que centra toda su investigación en el desarrollo de tecnologías innovadoras que potencian los propósitos de los diferentes productos de la empresa. Asimismo, declaran públicamente en la página web del Lab[6] que gracias a la cantidad de datos que les aportan sus plataformas han sido capaces de trabajar ininterrumpidamente en nuevos modelos de IA y algoritmos para perfeccionar sus productos. Muchas redes sociales utilizan mecanismos parecidos, pero ninguna ha conseguido, de momento, afinar tanto el gusto por el contenido que se visualiza.

Tik Tok vs. Instagram

Instagram es una red social que nació en San Francisco en el año 2010. Tuvo éxito desde su comienzo, ya que rápido se convirtió en la app de fotografía más popular del mercado. Solo en una semana, consiguió 100.000 usuarios nuevos, incrementando la cifra hasta un millón en menos de dos meses. Kevin Systrom, su co-fundador junto a Mike Krieger, explicaba ese mismo año que tardaron ocho semanas en construir la app en sí, aunque detrás del resultado final hubo más de un año de trabajo. El esfuerzo mereció la pena, ya que se colocó como una de las apps mejor valoradas, social y económicamente, del momento. Así, en 2012, Facebook la compró por mil millones de dólares. A partir de ese momento, Instagram empezó a crecer de manera exponencial, llegando hasta los 107 millones de usuarios en 2019. No obstante, pese al incremento innegable que ha vivido desde su creación, a principios del año 2020, su crecimiento se desaceleró. Y aquí es donde entra en juego TikTok. Los principales motivos de la desaceleración fueron dos. En primer lugar, que

6. Página web dedicada exclusivamente al trabajo realizado por ByteDance AI Lab https://ailab.bytedance.com/

el mercado ya está muy maduro y, después, el surgimiento de nuevas plataformas que le hacen la competencia, como TikTok.

Aún en 2019, Instagram seguía siendo la red social favorita en número de usuarios y campañas de publicidad con *influencers*. En números, durante el año 2019 más de 500 millones de usuarios subían *stories*[7] diariamente y según datos de eMarketer[8], Instagram ingresó más de 9.000 millones de dólares gracias a campañas con *influencers*. Sin embargo, a lo largo de 2020 las cosas fueron cambiando, y pese a la ventaja que parecía llevar Instagram frente al resto, de pronto, TikTok se situó justo por detrás de esta en el ranking de redes sociales con más usuarios activos. A principios del año, Hootsuite, publicó una lista con las redes sociales más utilizadas a nivel mundial. Ocupando Facebook la primera posición seguida de Youtube y WhatsApp. En el sexto y séptimo lugar se localizan Instagram y TikTok. Si en el ranking se tuviera en cuenta los años de vida de cada una de las apps, habría que situar a TikTok por encima del resto, ya que es la más joven y ha crecido a pasos agigantados.

Pero no es la primera vez que Instagram se ve amenazada. Con la llegada de Snapchat, la aplicación norteamericana sufrió un pequeño receso, sin embargo, no ha sido hasta el auge de TikTok cuando realmente se ha visto afectada en números e ingresos. Veamos en qué se diferencian las dos redes sociales:

- De forma banal y resumida, se podría decir que Instagram es una app para que los usuarios les muestren a todos sus contactos lo felices que son y lo bien que se lo están pasando en ese momento. Mientras que TikTok no se centra únicamente en lo que está haciendo el usuario en ese instante, sino que es una red social de entretenimiento para todos. Los usuarios muestran su lado más creativo, ya sea cantando, bailando o haciendo imitaciones. Es difícil cansarse de un show constante originado por diferentes personas. No obstante, en Instagram es complicado aguantar más de unos minutos si todo lo que ves es lo bien que se lo están pasando todos tus amigos mientras a ti te toca trabajar o estudiar.

7. Fotografías o vídeos que comparten los usuarios dentro de la app, que a diferencia del resto de contenido, solo se puede visualizar durante 24 horas.
8. El informe completo se puede leer en la página web de eMarketer https://www.emarketer.com/content/global-instagram-users-2019

- Por esto cabe apuntar que tienen experiencias de usuario muy diferentes. Instagram está más enfocado a mostrar un estatus social y económico, mientras que en TikTok se refleja el lado más talentoso de los usuarios. Dicho en otras palabras, Instagram sería el escaparate y TikTok la sorpresa divertida que se esconde tras el envoltorio. Muchas *celebrities* se han visto atraídas por la app de vídeos cortos porque en ella pueden exhibir su lado más natural y divertido. Una de las cuentas más populares es la del cantante Jason Derulo, que supera los 34 millones de *followers* y que comparte vídeos de todo tipo, desde bailes con su sobrina Skylar, hasta *challenges* que proponen otros usuarios.

Vídeo de Jason Derulo con su sobrina Skylar B. Derulo

- Ambas apps juegan con darle un don al usuario. Instagram te convertía en fotógrafo y TikTok te convierte en creador. De hecho, la nueva app toma estas palabras como eslogan: *Our mission is to inspire creativity and bring joy (Nuestra misión es inspirar creatividad y traer la felicidad)*. Además, apuestan por una idea que, en general, gusta mucho: todos podemos ser creadores. Así, TikTok no solo se centra en que seas un buen bailarín o una estrella de la música, la app admite cualquier tipo de talento, sea cual sea el tuyo.
- Cualquier contenido puede hacerse viral. Esta es otra de las claves de la app de vídeos cortos. No importa que no tengas una gran cantidad de *followers* o que acabes de descargarte la aplicación y subas un vídeo por primera vez, porque si tu contenido es llamativo para la gente, puede acabar haciéndose viral y llegar a miles o millones de personas. En esto siempre ayuda el sistema de recomendaciones de la app.

- A pesar de que TikTok nació con un objetivo menos recurrente hacia el postureo –actitud artificiosa frente a los demás–, sí que es cierto que muchos usuarios de TikTok aprovechan sus vídeos para mostrar algunos de sus lujos. Ejemplo de ello es @aritzaren (con casi un millón de seguidores) que, según publicaba en junio del 2020, comenzaba un nuevo proyecto llamado *Xclusive mansión,* que consiste en compartir una mansión con unos amigos y localizar la mayoría de sus vídeos desde algún punto de vista de la casa.

Primer vídeo grabado de @aritzaren en Xclusive mansion

- Si hablamos de diferencias demográficas y de audiencia, cada una tiene sus pros y sus contras. En primer lugar, Instagram cuenta con un rango de edad entre sus usuarios bastante más amplia. La media está entre los 18 y los 45 años. Mientras que TikTok tiene una audiencia mucho más limitada, que iría desde los 15, hasta los 35, aproximadamente. En el caso de Instagram, al tener mayor amplitud de rango de edad, la audiencia tiende a ser más holgada. Esto implica un mayor número de usuarios. No obstante, aunque TikTok tenga un *target* menos dilatado, entre su audiencia destaca la Generación Z, la más activa en redes sociales. Además, esta generación tiende a seguir a una gran cantidad de *influencers* y, generalmente, confía más en las recomendaciones de las marcas si estas se hacen a través de plataformas sociales.

Anuncio de @Apple en TikTok para promocionar su nuevo MacBook Air, con acceso directo a compra.

- Esto nos lleva directamente a la acción de las marcas dentro de las redes sociales. Visto que la Generación Z es la más difícil de captar, ya que no consumen televisión y, por ende, no ven anuncios televisivos, ni suelen leer a menudo prensa digital, por lo que el *content discovery*[9] tampoco hace efecto en ellos, cada vez son más las marcas que diseñan estrategias para introducir sus campañas publicitarias en esta red social. Sin embargo, la publicidad es muy diferente en ambas plataformas. En TikTok es mucho menos intrusi-

9. Se trata de un modelo de publicidad nativa, no intrusiva, con un formato amigable y cercano, que apenas interfiere en el buen funcionamiento y lectura de las páginas. Las recomendaciones se integran de manera contextualizada en los soportes digitales, y el usuario las visualiza en el momento más propicio para recibir sugerencias sobre nuevas lecturas, temas de interés o cualquier otra información que le sea relevante. Se trata de una herramienta idónea para que las marcas establezcan relaciones de larga duración con sus clientes. Fuente Puro Marketing https://www.puromarketing.com/30/30081/content-discovery-como-usuario-conecta-marcas-disfrutando-contenidos.html

va, pues lo habitual es que solo aparezca un anuncio al abrir la app y que, después, no vuelvas a ver ninguno más. Mientras que en Instagram cada dos o tres publicaciones de tus contactos, aparece un anuncio que, en muchas ocasiones, resulta molesto. Hablaremos de ello más adelante.

- Gracias a haberse resistido a las tentaciones de monetizar agresivamente la app molestando a sus usuarios con publicidad intrusiva, tal y como sí hace Instagram, el resultado es una app mucho más amigable y divertida.
- Aunque TikTok haya dejado a un lado, de momento, su cara publicitaria, cabe mencionar que la app hace algo muy interesante: el contenido que se crea dentro de TikTok se puede compartir en otras redes sociales. Es común ver en Instagram vídeos grabados desde TikTok. Esto es bastante curioso y favorable para la app de vídeos por varios motivos:
    - Consigue atraer audiencia desde otras aplicaciones sociales.
    - Sus propios usuarios sirven como red de publicidad. Lo que conlleva menor inversión en publicidad para promocionar la app.
    - Competencia leal, ya que son los *tiktokers* los que proponen que los *instagramers* tornen hacia la app de manera inocente y nada agresiva. Incluso la propia app tiene un perfil abierto dentro de Instagram, donde comparte vídeos de sus usuarios.
- Otra gran diferencia entre ambas, es que, desde el inicio, TikTok ha mantenido una postura firme y clara frente al *ciberbullying*, lo que conserva alejados a los *trolls* y acosadores. Este punto es clave para consagrarse como la aplicación preferida de los más jóvenes, que son los que más acoso *online* reciben.
- Aunque TikTok gana nuevos adeptos cada día, no se puede decir que esta app haya superado a Instagram en popularidad. De momento, Instagram sigue teniendo un número de usuarios activos más elevado y la participación diaria también es mayor.

Instagram lanza Reels para hacerle frente a TikTok

A principios de agosto de 2020, Instagram presentaba su nueva función *Reels*. Vista la pérdida de descargas y de interés por parte de los usuarios, que poco a poco iban emigrando hacia TikTok, Instagram decidió ponerse manos a la obra. De esta forma, lanzaron *Reels*, una función que es, prácticamente, idéntica a TikTok, pero que se incluye dentro de Instagram. Según declaraba el equipo de Instagram en un comunicado oficial[10]: "Con *Reels* puedes crear vídeos divertidos para compartir con tus amigos o con cualquier persona en Instagram. Graba y edita vídeos de varios clips de 15 segundos con audio, efectos y nuevas herramientas creativas. En el *feed*, puedes compartir *reels* con tus seguidores y, si tienes una cuenta pública, podrás compartirlos con la comunidad más extensa de Instagram a través de un nuevo espacio en la sección 'Explorar'. La sección *Reels* de 'Explorar' ofrece a todos la oportunidad de convertirse en creadores en Instagram y llegar a públicos nuevos en todo el mundo". Seguidamente, trataba de explicar cómo funciona, aparentando que nadie que hubiera pasado unos minutos en TikTok podía intuir su funcionamiento.

Una vez puesta sobre la mesa la extensa explicación de cómo utilizar la nueva funcionalidad, Instagram exponía la facilidad con la que el contenido de los usuarios puede ser descubierto por "una inmensa y diversa comunidad". Lo que nos recuerda una vez más a TikTok y a la viralidad que se puede llegar a conseguir a través de esta red social:

- ❑ "Si tienes una cuenta pública: Puedes compartir tu *reel* en un espacio especial de la sección "Explorar" para que lo descubra la inmensa comunidad de Instagram. También puedes publicarlo en tu *feed* para compartirlo con tus seguidores. Cuando compartes *reels* que incluyen determinadas canciones, *hashtags* o efectos, tu *reel* puede también aparecer en páginas específicas, cada vez que alguien haga clic en esa canción, ese *hashtag* o efecto.

10. Comunicado oficial de Instagram sobre el lanzamiento de Reels el 5 de agosto de 2020 https://about.instagram.com/es-la/blog/announcements/introducing-instagram-reels-announcement

- Si tienes una cuenta privada: *Reels* respeta tu configuración de privacidad en Instagram. Si compartes tu *reel* en el *feed*, solo tus seguidores podrán verlo. Las personas no podrán usar el audio original de tus *reels* ni podrán compartir tus *reels* con otras personas que no te sigan."

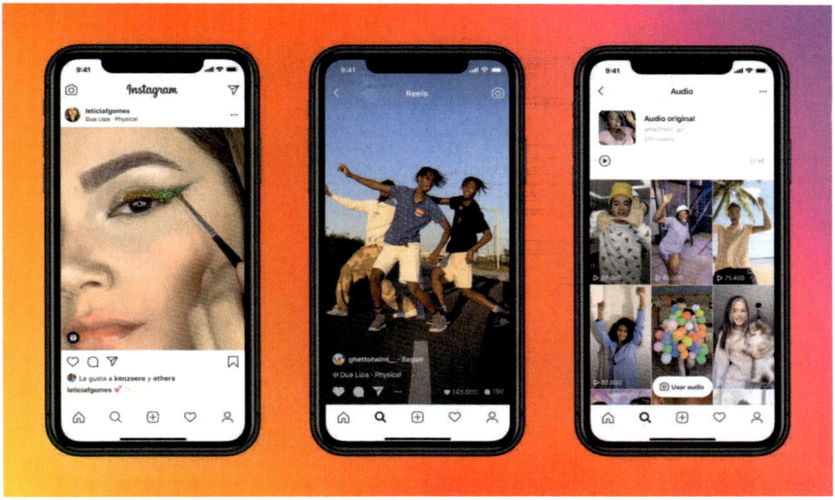

Imagen extraída del comunicado oficial del lanzamiento de Reels de Instagram

Así lo detalla Instagram en su comunicado oficial del 5 de agosto. Aunque todavía es pronto para obtener datos sobre cómo está resultando *Reels* dentro de la aplicación estadounidense, cabe destacar que el funcionamiento es idéntico a TikTok, con solo dos diferencias:

- La funcionalidad se encuentra dentro de la opción de *stories* en la aplicación. Es decir, comprimen una red social completa (TikTok) en una única funcionalidad dentro de la parte de creación de *stories*.

- Y, en segundo lugar, por el momento, cuenta con menos funciones de las que permite TikTok.

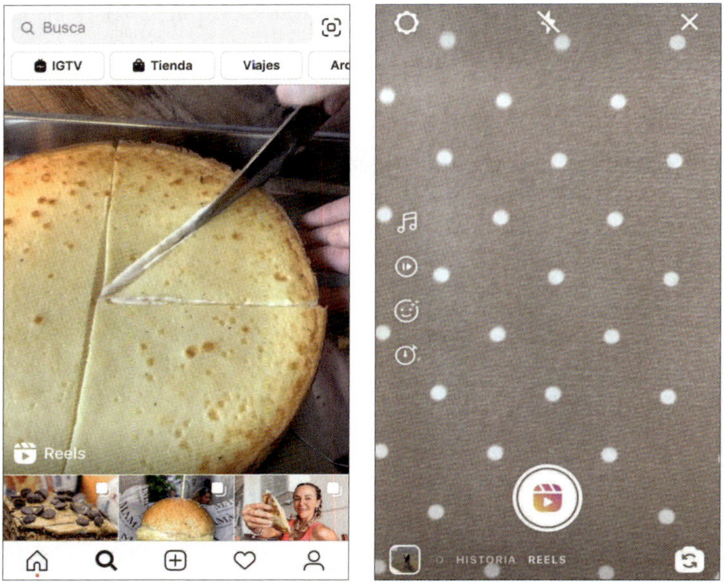

En Instagram, dentro de las opciones para crear un *story* se encuentra la nueva funcionalidad *Reels.*

Ya son muchos los famosos y cuentas populares que se han unido a la última tendencia. Ejemplo de ello es Jena Frumes, modelo y actual novia de Jason Derulo, que en Instagram cuenta con más de 4 millones de seguidores, o Vikika Costa, referente en el mundo del fitness español.

Jena Frumes cuenta con más de 4 millones de seguidores en Instagram.

Vikika Costa lidera un equipo de entrenadores personales y nutricionistas que tratan de enseñar al mundo que sí es posible llevar un estilo de vida saludable sin que resulte monótono ni aburrido.

3

PRIMEROS PASOS

Ha llegado el momento de sumergirse en el universo de TikTok. No es necesario vestirse de gala, con tener algo de creatividad y muchas ganas de divertirse es suficiente. ¡Allá vamos!

¿Qué saber antes de empezar?

Antes de nada, tienes que saber con qué te vas a encontrar dentro de esta red social: vídeos y más vídeos. Tú, que ya controlas del resto de aplicaciones, te preguntas: pero, ¿eso no es Youtube? No, porque el contenido de TikTok es de otro estilo completamente diferente. ¿Quién no ha aprendido a hacer algo gracias a los tutoriales, eternos en muchos casos, de Youtube? ¿O quién no ha seguido una sesión de ejercicio gracias a alguno de los numerosos canales de entrenadores *youtubers*? Ejemplo de ello es Patry Jordán, una chica que empezó a darse a conocer en Youtube a partir de su canal de belleza y que después abrió otro que se llama Gymvirtual en el que puedes realizar rutinas de ejercicios. Este ya suma más 10 millones de suscriptores.

La principal diferencia que impone TikTok es que sus vídeos no duran más de 60 segundos. Y, a pesar de lo que pueda parecer, un minuto da para mucho. El estilo de los vídeos es distinto porque la duración lo exige. Tener que condensar mucha información en 60 segundos no es una tarea sencilla y, sin embargo, muchos lo consiguen con resultados maravillosos. Es verdad que no podemos seguir una clase en directo a través de TikTok, de momento, pero sí hay perfiles dedicados a enseñarnos ejercicios para ganar fuerza en las piernas o tener un abdomen plano, por ejemplo.

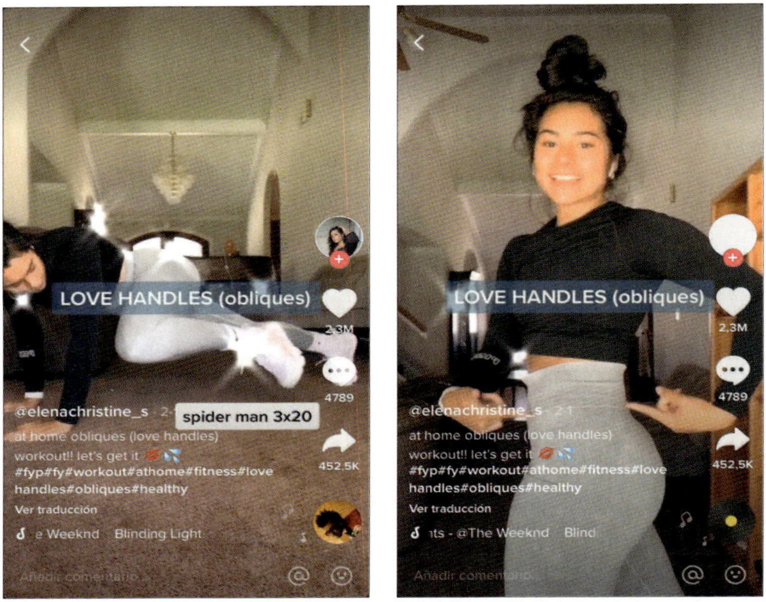

Rutina de Elena Stavinoha para ejercitar los oblicuos

La clave está en utilizar el texto para explicar mínimamente cuántas repeticiones se han de hacer y cómo se llama el ejercicio e insertar unos segundos de demostración del movimiento. Es decir, TikTok sería la app que apuesta por el minimalismo, donde menos, es más. Además de vídeos de rutinas de entrenamiento, la variedad de temáticas dentro de la red social es inabarcable. Encontrarás vídeos graciosos, en los que alguien gasta bromas a sus familiares o amigos, ejemplo de ello es Isa Montero (@ isaseu4), que pega sustos a su madre y alguno de sus vídeos han superado los 4 millones de visualizaciones. O, bien, clips de veinteañeros bailando con mucho talento o *celebrities* haciendo algún reto divertido.

El contenido es infinito y precisamente esa es la sensación que quiere transmitir la red social, que como usuario sientas que hay muchísimo contenido y que todo lo que estás viendo te interesa de verdad. Todas las redes sociales cuentan con contenido abundante, pero pocas pueden presumir de mostrar a todos sus usuarios un contenido tan personalizado. ¿Preparado para dejarte atrapar por TikTok?

Vídeo del presentador español Roberto Leal bailando con su sobrina la canción "Bella Ciao" de la serie *La Casa de Papel*.

Crear un perfil

Una de las características más rompedoras de TikTok es que no necesitas registrarte para ver contenido. Solo tendrás que iniciar sesión cuando quieras crear tus propios clips, dar a *like*, compartir, comentar, etc. Es decir, siempre que quieras interactuar dentro de la app, más allá de ver vídeos, necesitarás crearte un perfil. Desde el ordenador, puedes abrirlo desde tu navegador y en el móvil necesitas tener la app instalada.

Desde el ordenador

Para entrar en TikTok desde tu portátil solo tendrás que escribir TikTok en el buscador y pinchar sobre el primer resultado, una vez lo hagas, la primera pantalla que verás será la siguiente:

Página de inicio de TikTok desde el ordenador

Una vez ahí, para empezar a disfrutar del contenido que hay dentro del universo TikTok, solo tienes que pinchar sobre el botón 'Ver ahora' que aparece en rojo arriba a la derecha. Así, pasamos a la siguiente página, el muro (o *feed*) de la red social. A la izquierda, nos recuerda que iniciemos sesión para seguir a los creadores e interactuar con ellos y a la derecha nos recomienda cuentas a las que seguir y tendencias del momento. De esta manera, mantiene el centro de la pantalla para incluir el *feed* de publicaciones.

Página de inicio sin haber iniciado sesión desde el ordenador

Si optamos por crearnos un perfil, tenemos que hacer click sobre el botón 'Iniciar sesión', que encontramos tanto en el lado izquierdo como arriba a la derecha (donde antes se situaba 'Ver ahora'). Antes de meternos de lleno en la app, tenemos que registrarnos. Podemos hacerlo usando nuestro número de teléfono o correo electrónico u otras redes sociales como Facebook y Twitter.

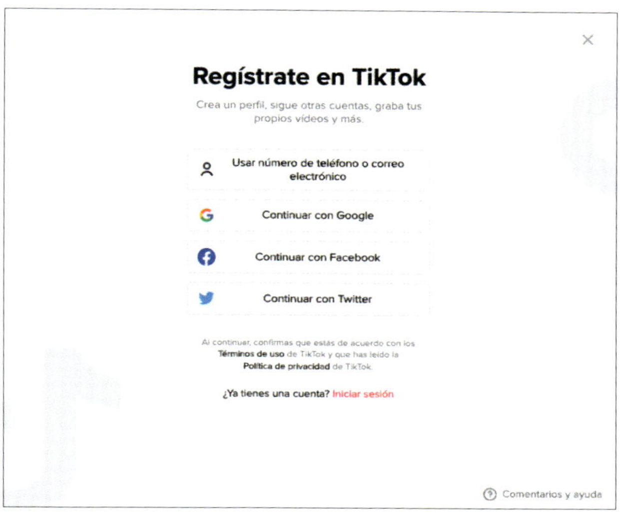

Una vez que hayamos elegido de qué manera queremos darnos de alta en la app, tenemos que seguir los pasos que iremos viendo en pantalla, dependiendo del método que hayamos seleccionado.

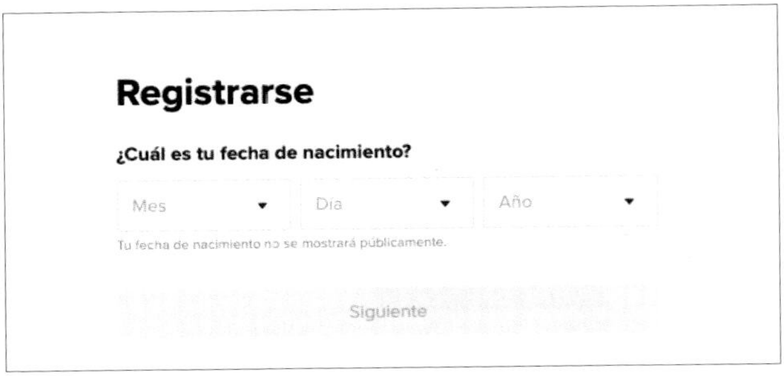

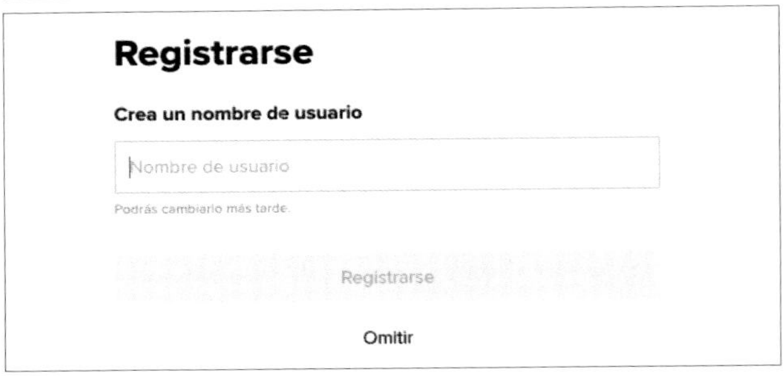

Cuando ya hayamos dejado constancia de que somos mayores de 13 (edad que exige la app para poder darte de alta) y que tengamos un nombre de usuario ya podemos empezar a utilizar TikTok al completo.

Desde el móvil

Aunque podemos exprimir al máximo la red social desde el ordenador, sí es cierto que está optimizada para ser utilizada desde el móvil. El formato *responsive* (diseño de una pantalla, web o app pensado para utilizar desde el teléfono móvil) es mucho más vistoso que el del ordenador. Es lógico que hayan invertido más esfuerzo y trabajo en esta parte teniendo en cuenta el perfil de su audiencia.

Lo primero que tenemos que hacer es descargarnos la aplicación desde Google Play Store o desde App Store, dependiendo del teléfono móvil que tengamos. Una vez instalada la red social, la abrimos y ocurre lo mismo que desde el ordenador, no hace falta tener creado un perfil para poder consumir el contenido de la app. De este modo, nada más abrirla empezamos a ver vídeos.

Página de inicio de la aplicación, vídeo de la cantante española Edurne

Si solo ver clips nos sabe a poco, daremos un paso más y nos registraremos dentro de la app. Bastará con pinchar sobre el botón 'Yo' para dar comienzo al proceso de registro.

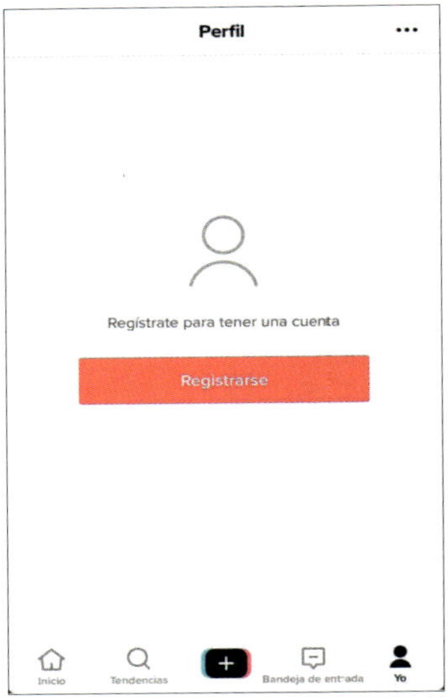

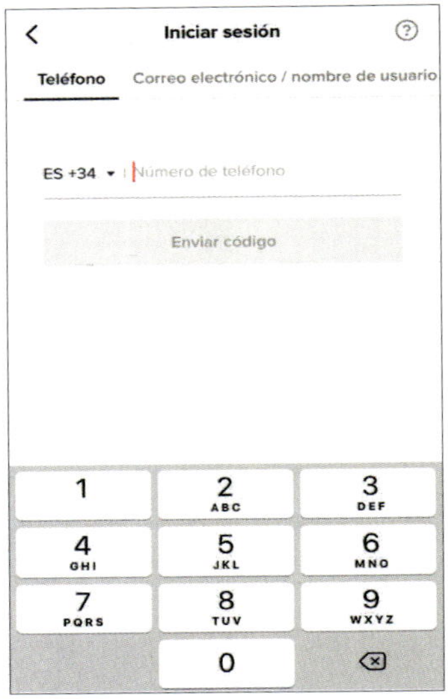

Y, tal y como sucede en el ordenador, podemos registrarnos de diferentes maneras, ya sea con el correo electrónico o con nuestro número de teléfono. Una vez registrados, desde el móvil es todavía más sencillo que desde el ordenador, pasaremos a ver de nuevo el *feed* con los vídeos, o bien, si pinchamos de nuevo sobre 'Yo', veremos ya nuestro perfil creado. En este punto, nos aparece un *call to action* (una llamada a la acción) para que sepamos dónde pinchar si queremos crear nuestro primer vídeo.

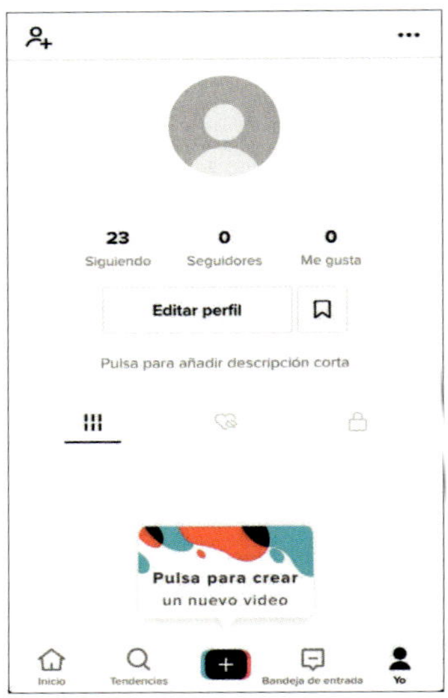

Cuando ya estemos registrados, comienza nuestra aventura en el universo TikTok. Ahora, vamos a descubrir cuáles son los siguientes pasos a dar en la app para empezar a disfrutar de todo lo que esta novedosa red social nos puede ofrecer.

Estructura e interfaz de la app

Sin ninguna duda, la red social está pensada para ser utilizada desde el móvil, ya que, por ejemplo, desde el ordenador no podemos grabar vídeos, que es uno de sus principales atractivos. Sin embargo, los creadores saben que muchos usuarios siguen prefiriendo utilizar el ordenador frente al móvil. Por este motivo, TikTok no descuida su interfaz para ordenador. Así, aunque no podamos grabar vídeos directamente desde nuestra cámara del portátil, sí podemos importar vídeos desde nuestros archivos. Solo tenemos que hacer click en el botón de la nube con una flecha, en la parte superior derecha de la pantalla, y seguir los pasos.

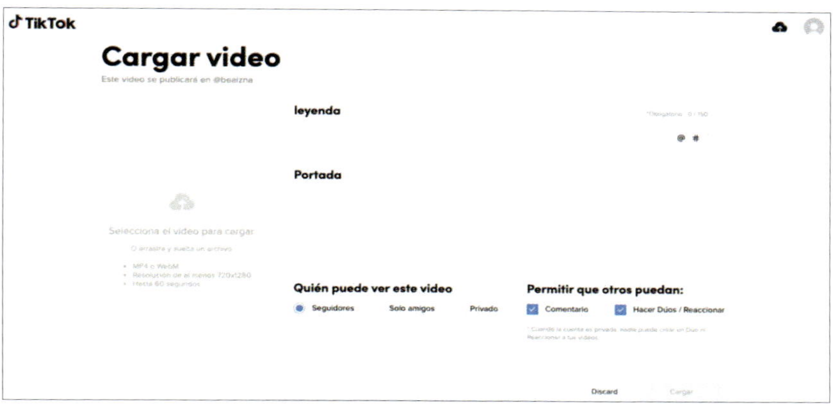

Cuando hayamos indicado la leyenda, la portada, quién puede verlo y qué pueden hacer los demás con nuestro vídeo, pasamos a cargarlo. De esta manera, podemos utilizar vídeos que hayamos grabado hace tiempo y que ahora queremos compartir. La principal diferencia respecto a la posibilidad de usar esta opción en el móvil es que no podemos añadir o modificar nada en el clip dentro de la propia app. Solo podemos subirlo tal y como lo tenemos guardado en nuestra galería.

Cómo grabar un vídeo

Si lo que quieres es divertirte lo mejor será que cojas tu móvil y que crees un nuevo vídeo desde cero. Tener recursos ya grabados en la galería es un buen método para que el resultado sea menos de improviso, ya que habrás podido dedicarle más tiempo o al subirlo puedes invertir más horas en la edición, en vez de tener que grabar y después pasar a editar. Sin embargo, en TikTok se premia mucho la naturalidad y el haber invertido horas en el resultado sin que se note que así ha sido. Dicho con otras palabras, se valora el talento y el tiempo invertido, pero cuanto menos se note que está todo muy elaborado mejor. Así, es posible optar por cualquiera de las dos alternativas, o prepararte para pasar un tiempo delante o detrás de la cámara grabando y después editar el contenido, o bien importar un vídeo de tu galería y saltarte el paso de la grabación *in situ*. Si eliges la segunda opción, tienes dos formas de hacerlo: cargando el vídeo desde la galería o subirlo desde 'Borradores', volveremos a ello un poco más adelante.

Grabar un vídeo desde la propia app, la opción más divertida, es muy sencillo, solo tienes que abrir la aplicación y pulsar en el botón '+' que está ubicado el centro del menú inferior. Los pasos a dar a partir de este punto son infinitos, porque como ya sabemos es una red social para creadores y las opciones de creación son tantas como imaginación y talento tenga cada usuario. Lo primero que vemos es un menú inicial donde encontramos opciones básicas para crear un nuevo vídeo. Con esto ya podríamos hacer un clip bastante interesante.

En el menú superior nos encontramos con dos botones, la 'X' para salir en caso de que nos hayamos equivocado y 'Sonidos', donde navegaremos por una lista gigantesca de éxitos que podemos incluir en nuestros clips o, bien, audios divertidos de películas u otros usuarios que es posible utilizar.

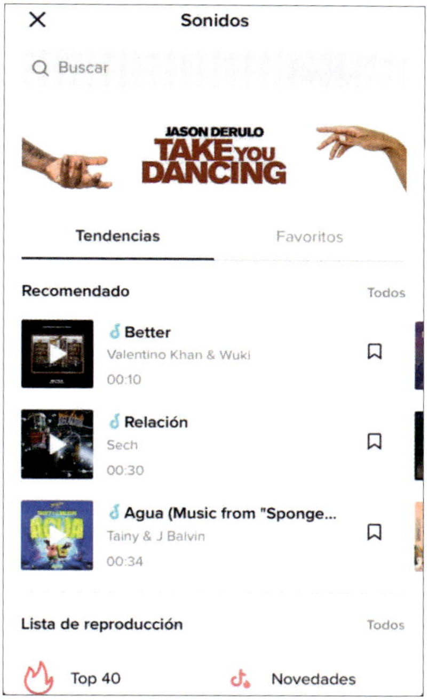

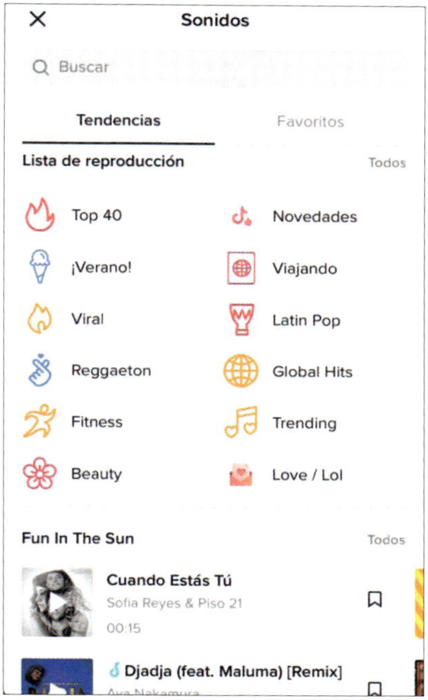

Además de usar los sonidos que son tendencia, la app nos permite guardar sonidos en favoritos mientras vemos vídeos de otros usuarios. Es tan sencillo como que, mientras estamos reproduciendo un clip de una persona, pinchar sobre el botón redondo que aparece en la parte inferior derecha de la pantalla y 'Añadir a favoritos'. De esta manera, se quedará almacenado en 'Sonidos' en la pestaña que hay al lado de 'Tendencias', en 'Favoritos'. Si pinchamos sobre ella, aparece la lista de los sonidos que hemos ido guardando desde que tenemos creado un perfil en la app y al hacer click sobre cualquiera de ellos lo podemos usar para empezar a dar rienda suelta a nuestra imaginación.

Una vez elegido el audio que utilizaremos en nuestro vídeo podemos pasar de nuevo a la pantalla inicial para empezar a grabar. Otra opción es no seleccionar ninguno y grabar sonido ambiental en directo desde donde estamos grabando en ese momento. En el universo TikTok publicar un vídeo divertido con la música del momento está muy bien valorado, pero ser natural y original es un plus de interés hacia toda la red. Si eres de los que disfrutan imitando a otras personas, cantando o haciendo ruidos extraordinarios, graba tu propio audio. Además, cuando subas un vídeo con tu sonido original, el resto de usuarios podrán utilizarlo en sus clips. Si tienes derechos de autor sobre ese sonido te explicamos cómo trabaja TikTok con esta política más adelante.

Una vez que hayas elegido el audio que acompañará a tu grabación es el momento de darle al *rec*. Para ello, primero echamos un vistazo al menú derecho donde seleccionamos ajustes como qué cámara queremos utilizar, la interna o la externa, la velocidad del vídeo o si queremos añadir algún filtro para darle un toque *vintage* o por si preferimos grabar en blanco y negro, por ejemplo.

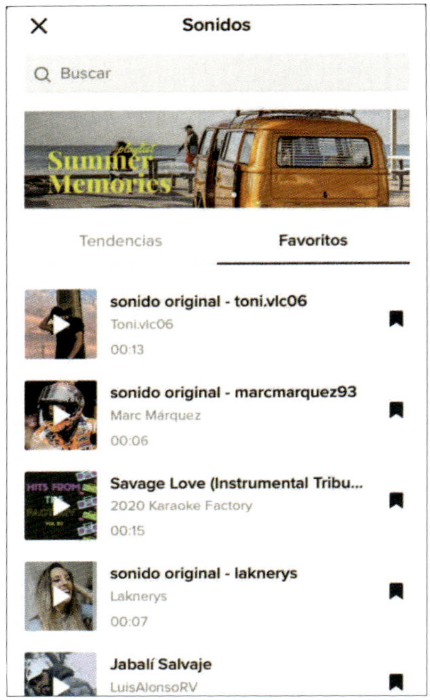

El siguiente paso es decidir cómo grabar el clip. Para ello, descendemos hasta el menú inferior, donde nos topamos con tres botones. El primero de ellos es 'Efectos', en el que se nos descubre un mundo completamente nuevo. Hay una extensa variedad de efectos que se ordenan por categorías. Desde una que recibe el nombre de 'Top', donde se recogen los más utilizados, hasta 'Comedia', por ejemplo, donde se esconden los más divertidos.

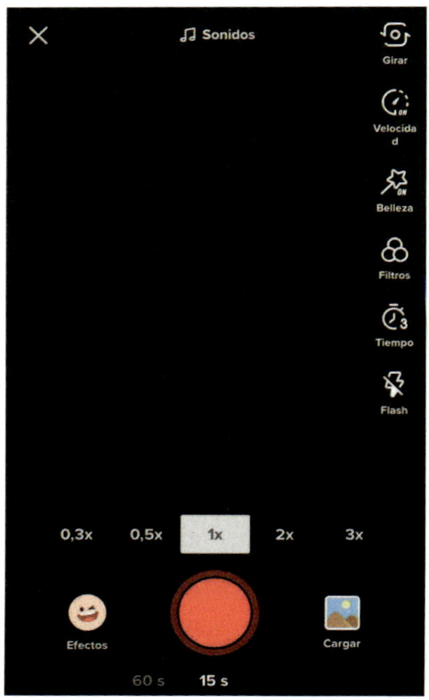

Solo en esta pestaña podemos pasar horas, pues podemos ir probándolos según los vamos seleccionando. Con efecto o sin él, el siguiente paso es grabar el vídeo o, bien, cargar

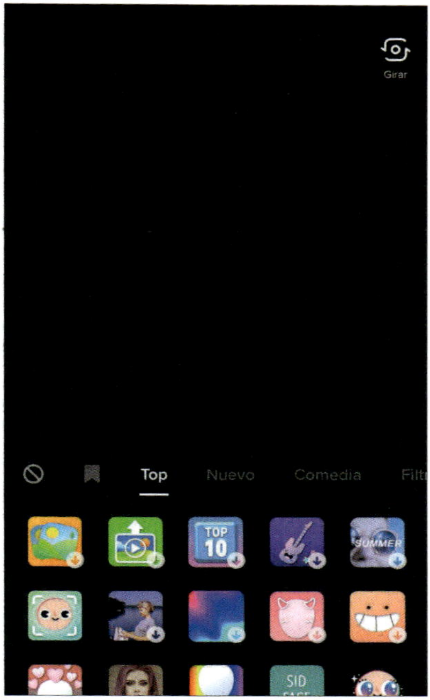

uno que ya tuviéramos guardado en nuestra galería. Para grabar tenemos dos opciones, darle al *rec* durante 60 segundos y grabar tanto como queramos, sin necesidad de tener que ir grabando pequeños clips. O, por el contrario, podemos seleccionar la grabación de 15 segundos e ir añadiendo tantos clips como deseemos hasta sumar un minuto de duración. Lo más divertido es grabar en compañía, pero si, en ese momento, nadie puede grabarte, puedes hacerlo tú mismo sin mantener pulsado el botón de grabar. Bastará con hacer click sobre el icono del reloj con un 3 'Tiempo', elegir la duración del vídeo y pulsar 'Iniciar conteo'. De esta manera, podrás grabar sin tener que presionar el botón. Para dejar de grabar solo tienes que pulsar sobre el botón rojo de la parte inferior. Una vez que tenemos listo nuestro primer clip, podemos grabar otro más o pasar, directamente, a editar el recién filmado. Para seguir grabando pulsaremos sobre el botón rojo de nuevo y para editar el que ya tenemos pincharemos sobre el botón rojo con el check o, bien, si el resultado de lo que hemos grabado no nos convence podemos borrarlo pulsando sobre el icono blanco con una x que hay entre los dos botones rojos.

Cuando tengamos todos los clips grabados pasaremos al proceso de edición, para muchos usuarios el momento más entretenido de todos.

Cómo editar un vídeo

La pantalla de edición ofrece una gran cantidad de opciones que ayudan a personalizar, todavía más, nuestra creación. A través del menú derecho, podemos añadir filtros, ajustar los clips en caso de que hayamos grabado más de uno, insertar efectos de voz, superponer un audio o ajustar el volumen. Aunque pueda sonar exagerado, si nos ponemos a ello y le dedicamos algunas horas podemos llegar a crear nuestro propio *sketch* –una escena breve, generalmente humorística–. Así lo hace Zach King, que con cada nuevo vídeo sorprende a todos sus usuarios, aunque ya estén acostumbrados a que su contenido sea de otro planeta.

Además de todas las opciones que ofrece el menú derecho, hay muchas más en la parte inferior de la pantalla. En este menú inferior se ubican los siguientes iconos: 'Sonidos', 'Efectos', 'Texto' y 'Stickers'. Con esta variedad, podemos construir creaciones muy originales. Así, nos damos cuenta de que marcar la diferencia sí es posible, solo hay que dedicarle algunas horas y tener un poco de imaginación y talento.

Dentro de cada uno de los iconos se encuentran muchas opciones para personalizar el clip. Dentro de 'Sonidos' descubrimos una biblioteca musical muy extensa, igual que la que se presentaba antes de grabar el vídeo. Es decir, puedes insertar el audio antes o después de grabar el clip. Ambas elecciones son interesantes, ya que, si eliges un sonido antes de grabar lo harás de forma consciente y podrás adaptar tu contenido a ese audio, ya sea una voz en off procedente de una película o una canción que te encanta. Sin embargo, si optas por añadir el sonido después de haber hecho la grabación, el proceso será al revés. Pues tendrás que adecuar el sonido al vídeo que ya has creado previamente. Las dos opciones son válidas, solo has de valorar qué antepones, si el sonido o la imagen.

En 'Efectos' el abanico de posibilidades que se abre ante nosotros es inmenso, ya que se pueden incorporar efectos de todo tipo. Desde los que llaman 'Visual', hasta los de transición, algo más clásicos. Prácticamente, se puede añadir de todo: efectos de humo, incluir flores de fondo o en una zona concreta del clip, o, bien, crear una sensación visual de gotas de lluvia. Dentro del marco de los efectos todo es posible. Además, están divididos por categorías, lo que hace que la decisión de cuál incluir sea un poco más sencilla. Para insertar uno solo tienes que pinchar sobre el que quieras y arrastrarlo a cualquier parte del vídeo. Así, empezará a apreciarse directamente en la pantalla sobre el vídeo. La única limitación que impone en este punto TikTok es que solo se puede aplicar un efecto.

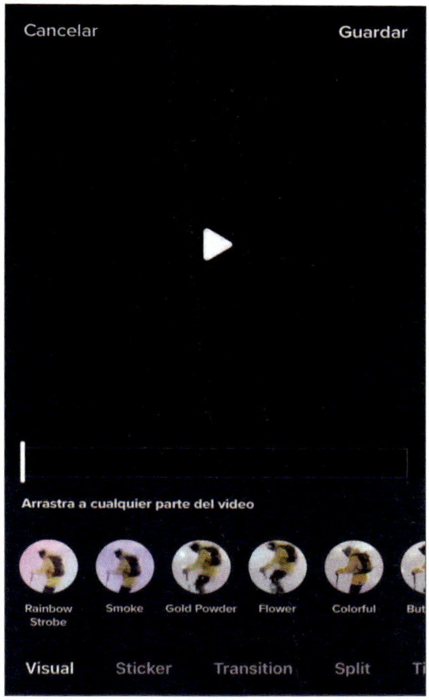

Otra de las opciones de edición es agregar ‘Stickers’ a nuestras creaciones. Para ello, pinchamos sobre este icono y navegamos por las diferentes pestañas, que también funcionan a modo de categorización.

Además de *stickers*, desde esta pantalla es posible añadir emojis y GIFs a cualquiera de nuestros vídeos. Para agregar un emoji pinchamos sobre la pestaña ‘Emojis’ y seleccionamos el que más nos guste. Y para incluir GIFs hacemos uso del buscador superior. De esta manera, escribimos el texto que se relacione con el GIF que nos gustaría encontrar y hacemos la selección de entre todos los que nos aparecen.

A diferencia de los efectos, en cuanto a ‘Stickers’, ya sean emojis o GIFs, podemos sumar a nuestro vídeo tantos como queramos.

Cómo publicar un vídeo

Después de pasar un rato trasteando con todo lo que podemos hacer en la parte de edición, cuando ya estemos contentos con el resultado hacemos click sobre 'Siguiente' para pasar a la pantalla de publicación.

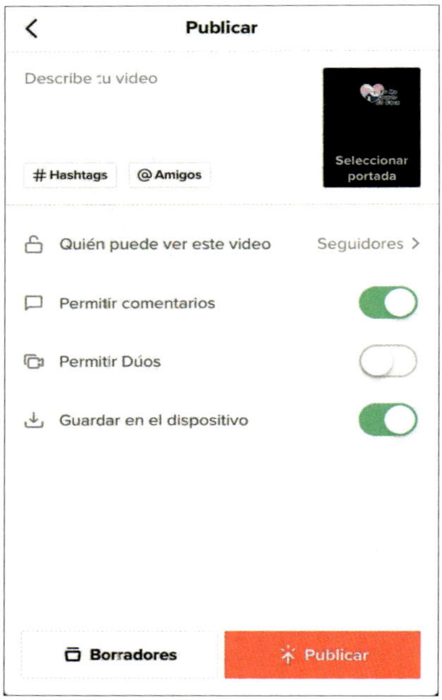

En ella, es donde damos el toque final. Para empezar, hay que añadir una descripción del vídeo, aunque sea breve. Ahí es donde podemos añadir *#Hashtags*, que son el conjunto de palabras, conceptos o siglas, por ejemplo, que van precedidos de una almohadilla (#) y que sirven para etiquetar una publicación. Con los *hashtags* logramos identificar nuestro contenido dentro de la red social y así es como lo empaquetamos junto a otros vídeos similares. Ejemplo de ello es el siguiente vídeo de @matteo.paolini.88 en el que utiliza hashtags como #fitness o #workout. Al emplearlos consigue que ese contenido, que acaba de publicar, se añada al conjunto de vídeos con esas mismas etiquetas.

De esta manera, si alguien busca contenido dentro de la app por el hashtag #workout podrá encontrar el vídeo de Matteo Paolini entre la inmensa variedad de clips. Así, el empleo de *hashtags* facilita la navegación dentro de la app, ya que es posible localizar contenido de forma mucho más sencilla.

Vídeo completo en el perfil de @matteo.paolini.88

Asimismo, dentro de la descripción que adjuntas con tu vídeo puedes etiquetar a amigos, utilizando el arroba (@) delante del nombre de su usuario. De esta manera, ellos recibirán una notificación que les avisa de que han sido mencionados. Además de la descripción, en este paso puedes elegir quién puede ver el vídeo, si se permiten o no los comentarios y los dúos, y si quieres guardar tu pequeña creación en tu dispositivo. Esta última opción implica que puedes subir el vídeo a otras redes sociales como Instagram o Twitter, por ejemplo, y que, además, podrías enviarlo a través de otras aplicaciones como WhatsApp. De esta manera, tanto tú como TikTok salís ganando, pues ambos conseguís más visualizaciones y viralidad. A esta red social no le importa dividir su éxito con otras aplicaciones, sino que considera que esa acción es algo positivo para la compañía. Ejemplo de ello es que directamente desde la app puedes compartir contenido en el resto de redes sociales. Al ver un vídeo en el menú de la derecha aparecen diferentes iconos: el primero indica la cuenta que ha publicado el clip, seguido de un corazón que puedes clickar para indicar que te gusta. A continuación, hay un icono que señala cuántos comentarios tiene dicho clip y si haces click sobre él también puedes comentar. Y el siguiente es una flecha, que sirve como enlace a otras redes sociales. Si pulsamos sobre este icono nos aparecen todas las acciones que podemos realizar con el vídeo, entre ellas: enviar a otro usuario, compartir en WhatsApp o guardar el vídeo en nuestra propia galería.

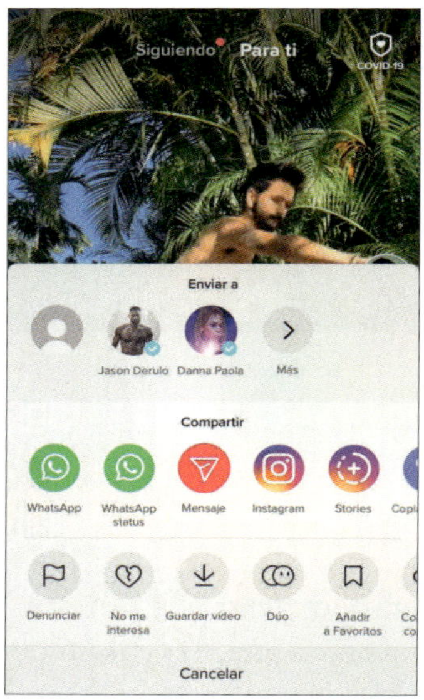

Además de poder compartir el contenido y guardarlo en tu móvil para visualizarlo siempre que quieras, hay otras muchas opciones como 'No me interesa' o 'Dúo', de las que hablaremos más adelante.

Mi perfil

En la pantalla de inicio de TikTok nos sumergimos en el *feed* eterno que es capaz de absorbernos durante horas. Si deslizamos la mirada hacia la parte inferior de la pantalla, nos encontramos con el menú principal. En él tenemos los básicos para una navegación satisfactoria dentro de la red social: 'Inicio', la lupa con 'Tendencias', el icono de '+' para crear un nuevo vídeo, 'Bandeja de entrada', donde se hallan todos los mensajes privados que intercambiamos con otros usuarios y, por último, 'Yo'. Este equivale al clásico 'Mi perfil', que tienen otras aplicaciones. En este espacio podemos configurar nuestra cuenta, cambiar la foto de perfil, ver el contenido que hemos guardado como favorito o echar un vistazo a todos los vídeos que hemos subido. Al pinchar sobre 'Yo' lo que vemos es la siguiente pantalla, desde la que podremos realizar todas las acciones que estén relacionadas con nuestra cuenta.

En la esquina superior izquierda aparece un icono con un '+', a través de este pasamos a otra pantalla donde descubrimos 'Encontrar amigos'. De esta manera, es posible invitar a amigos desde nuestros contactos telefónicos, o bien encontrar amigos desde Facebook.

Si continuamos en la parte superior de la pantalla, al desplegar el siguiente icono tenemos la posibilidad de añadir otras cuentas propias de TikTok. Esto es muy útil, por ejemplo, para cuando tienes dos perfiles, uno con muchos seguidores donde muestras tu lado más de *celebrity* y otro más personal, donde solo compartes contenido con tus amigos cercanos.

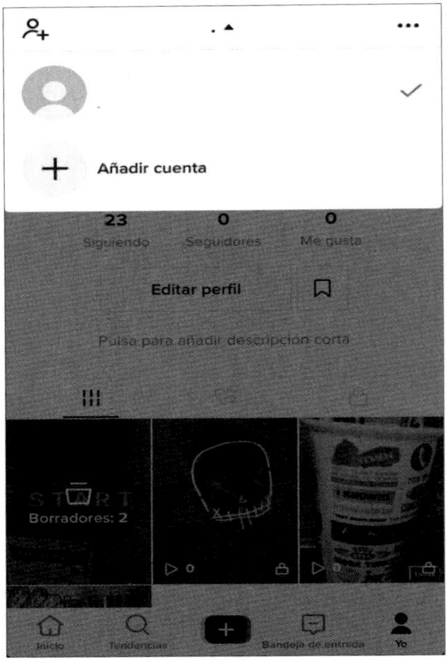

Al pinchar sobre los tres puntos horizontales que se establecen en la otra esquina superior, abrimos la pantalla de 'Ajustes y privacidad', desde la que personalizamos todos los parámetros a nivel de cuenta tanto generales, como específicos. La configuración es muy extensa, pudiendo configurar la privacidad y seguridad de la cuenta, las preferencias de contenido, las notificaciones que aparecen en pantalla, etc. Trataremos la privacidad y la seguridad dentro de la red social más adelante.

En la zona central se localiza la información más esencial de nuestro perfil, como la foto que mostramos al resto de usuarios, si nuestra cuenta es privada o no (si lo es viene indicado con el icono de un candado), el número de siguiendo, de seguidores y el número de me gustas dentro de las publicaciones compartidas con los demás. Asimismo, al pinchar sobre 'Editar perfil', se accede a los ajustes básicos de la cuenta, como cambiar foto, el nombre de usuario o la descripción corta que pueden ver otros usuarios al entrar en nuestro perfil. Aquí también es donde podemos incluir un enlace directo a nuestro perfil de Instagram o de Youtube. Una vez más, sinergias entre redes sociales, sin que sea recíproco, pues en estas otras dos redes no es posible incluir un enlace que redirija al perfil de TikTok, de momento.

Un poco más abajo, se hallan tres botones más, el primero es un resumen global de todo el contenido que has compartido en la app, sean vídeos privados, públicos o borradores. Si el clip es privado aparecerá con el icono de un candado en la esquina inferior izquierda, tal y como ocurre cuando un perfil es privado. Desde aquí, es posible ver de nuevo y todos y cada uno de los vídeos que hemos grabado, publicado o guardado dentro de la red social y el número de visualizaciones que han tenido.

Al lado del botón 'Editar perfil' se localiza un icono donde se agrupan todo lo que hemos marcado como favorito. Desde vídeos, *hashtags*, sonidos o efectos. Siempre que seleccionamos un contenido como favorito se alojará en esta pantalla. De esta manera, podemos tener un espacio donde se guarde todo aquello que nos gusta dentro del inabarcable volumen de la red social.

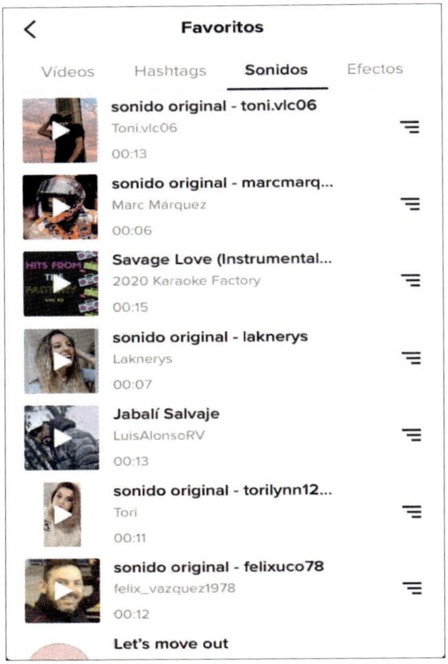

El siguiente icono con el que nos topamos dentro de la 'Yo', recoge todo el contenido al que le hemos regalado un *like*. Es decir, en esta pantalla se guardan todos aquellos vídeos que nos han gustado, por si quisiéramos volver a visualizarlos o compartirlos en cualquier otro momento. Y, al igual que ocurre con nuestros propios vídeos, rápidamente también podemos ver el número de reproducciones que acumulan.

Y, por último, el icono del candado agrupa todos aquellos vídeos que ya hemos publicado, pero que hemos marcado como privados. TikTok tiene muy clara la diferencia entre los vídeos públicos y los privados, y, así, lo manifiestan en su página web: "Los vídeos públicos son subidos a nuestro servidor y no serán eliminados, aunque te deshagas de la aplicación. Podrán ser vistos por otros usuarios mientras tu cuenta sea pública en los ajustes. Si cambias tu cuenta a privada, solo tus fans pueden ver tus vídeos públicos. Por otro lado, los privados: Para asegurar tu privacidad, los vídeos privados solo los puedes ver tú, aunque están en nuestro servidor. Puedes cambiar el ajuste de un vídeo para que sea público o privado en cualquier momento".[11]

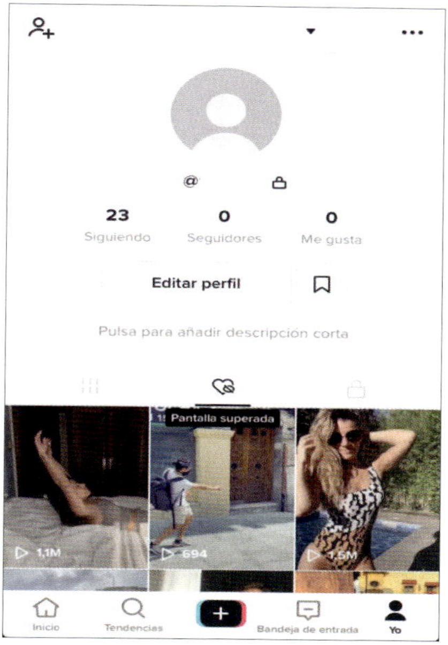

A quién seguir y cómo hacerlo

Más allá de intercambiar *likes* y comentar en las publicaciones de otros usuarios, también es posible seguir a aquellos que publiquen un contenido que nos resulte interesante, divertido o, simplemente, llamativo. Pero, ¿cómo puedes saber a quién seguir? Es una acción muy subjetiva, pues a cada uno puede llamarle la atención un contenido diferente. Por ello, hay varias maneras de empezar a seguir a una cuenta. En primer lugar, como ya sabemos, dentro del *feed* vamos a ir visualizando clips de otros usuarios, que vienen dados por al sistema de recomendaciones de

11. Página web oficial de TikTok https://support.tiktok.com/es/using-tiktok/difference-between-public-and-private-videos-es

la red social. Para empezar a seguir al usuario que ha subido ese vídeo que tanto te gusta, pincha sobre el primer icono redondo que hay en el menú derecho dentro del clip. Así, accedes directamente a su perfil y si te interesa lo que ves pulsa sobre 'Seguir' dentro de su perfil. Una vez seguido, y si la cuenta lo permite, podrás enviarle un mensaje privado, por ejemplo. Y, además, la propia app te recomienda cuentas similares, que pueden ser de tu interés.

Si en algún momento, quieres dejar de seguir a esa persona, solo tendrás que hacer click sobre el icono que se ubica al lado del botón 'Mensaje'. De esta manera, la cuenta desaparece de tu lista de cuentas a las que sigues. Otra manera de encontrar a personas que son de tu interés dentro de TikTok es pinchando sobre la lupa 'Tendencias' en el menú inferior y buscar el nombre del usuario que quieres encontrar. De esta forma, te aparecerán los resultados afines a la búsqueda y podrás acceder al perfil que estás buscando.

Si no sabes a quién seguir, te recomendamos que dentro de tendencias busques por palabras temáticas que te interesen, como, por ejemplo: *fitness*. De este modo, todos los resultados que te aparecen en la pantalla estarán relacionados con el mundo del *fitness*, ya sean usuarios que recomiendan rutinas para perder peso o perfiles de atletas de calistenia, por ejemplo. Así, descubrirás una gran cantidad de cuentas que pueden resultar de tu interés. Además, puedes repetir el mismo proceso tantas veces como quieras, pues ya sabes: TikTok es infinito.

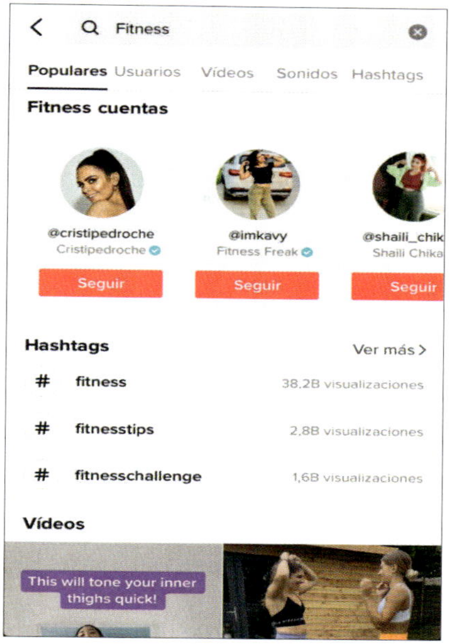

4

PASOS DE EXPERTO EN TIKTOK

En este punto de la lectura, muchos seréis ya unos expertos en hacer vídeos musicales dentro de la app, pero otros, estaréis todavía en el comienzo y os limitáis a grabar vídeos con sonido de fondo y algún efecto. Ahora es el momento de dar un paso hacia el estrellato para convertirse en un verdadero *tiktoker*. ¡A por ello!

El concepto "contenido viral" no se empezó a utilizar hasta que nacieron las primeras redes sociales a finales de los años noventa. La pionera fue Six Degrees, desarrollada por Andrew Weinreich en 1997. Esta red social era un "directorio electrónico" que pretendía conectar a un usuario con todos sus conocidos y que estos, a su vez, se conectaran con sus conocidos y así sucesivamente. Todo se basaba en la hipótesis de los seis grados, que afirma que todas las personas del planeta estamos conectados entre sí por no más de seis vínculos de relación. Es decir, esta teoría sostiene que cualquier persona del mundo está conectada con otra a través de una cadena formada por no más de otros seis sujetos. Cuando Andrew Weinreich lanzó su red social en 1997 lo describió así: "Quiere decir que yo puedo encontrar una conexión entre yo y Boris Yeltsin, Bill Clinton, Michael Jordan, los amigos de mis amigos, etc.".

Ya entonces se buscaba la viralidad, sin llamarlo de esta manera. En el lanzamiento de Six Degrees, el creador, declaró: "El desafío es construir una comunidad, el desafío es encender una llama. Este es un servicio que pueden usar para hacer sus vidas más eficientes. Pero, al igual que comprar una libreta de direcciones, si no le añades nombres es inútil". De esta manera, el equipo de desarrollo de la red social comenzó a enviar correos electrónicos a sus conocidos, pidiéndoles que se unieran a la red y que añadieran a otras personas. De esta forma, se potenciaba el "coeficiente viral", es decir, la creación de un solo mensaje que creara otro más y ese otro más. Así, en los primeros días de vida de la red social, se estaban uniendo nuevos usuarios al ritmo de uno por uno, hasta que la viralidad hizo su efecto y sumaron más de tres millones de miembros. Sin embargo, la red social acabó siendo vendida dos años más tarde por 125 millones de dólares, ya que tenían un problema técnico difícil de solventar: la red social no tenía imágenes. En aquel momento, eran muy pocas las personas que tenían fotografías digitalizadas, por lo que era imposible incluir imágenes personales dentro de la plataforma. Cinco años después, irrumpía en el mercado Facebook, creación de Mark Zuckerberg, para cambiar de forma dramática todas las reglas.

En solo cinco años, internet maduró tanto que ya cualquiera podía importar decenas de imágenes desde su dispositivo y Facebook aprovechó esa oportunidad. Desde 2004 hasta hoy, la app ha tomado las riendas del panorama social en internet y lleva años liderando el ranking de las plataformas sociales más populares. A mediados de 2020, publicaron sus resultados y los datos no dejaron indiferente a nadie. Por sí sola, Facebook, suma más de 2.600 millones de usuarios activos al mes en todo el mundo. Si, además, a esa cifra le sumamos los usuarios de sus dos otras grandes redes sociales, WhatsApp e Instagram, los datos rozan casi los 3.000 millones de miembros. Según la plataforma de datos empresariales en internet, Statista, de los 4.500 millones de usuarios que forman el total de la población digital (es decir, que utilizan Internet), más del 65% ha utilizado alguno de los productos de Facebook en el último mes.[12]

Tras el boom de Facebook, las fotografías o los vídeos que los usuarios compartían y publicaban a diario fueron tomando una dirección hacia ese "coeficiente viral" del que ya hablaba Andrew Weinreich a raíz del lanzamiento de Six Degrees. Las publicaciones acumulaban miles de 'Me gusta' y eran compartidas millones de veces diariamente. Así, todos empezamos a entender que si una publicación en Facebook gustaba a

12. Informe completo en la página oficial de Statista https://www.statista.com/statistics/617136/digital-population-worldwide/

los demás podía llegar a miles de personas. Es decir, comenzamos a ser conscientes de que si nuestra inocente publicación se difundía a través de la red podía convertirse en viral y ser vista por habitantes de todo el mundo, aunque estos estuvieran a millones de kilómetros de distancia. Nunca había sido tan fácil llegar a partes del planeta, que antes se mantenían fuera de nuestro alcance.

Después de Facebook, llegaron todas las demás: Twitter, Instagram, Snapchat y, por supuesto, TikTok. Esta última ha revolucionado todavía más el concepto de viralidad en redes sociales, pues una de sus mejores características es que cualquiera puede conseguir hacerse viral. El resto de plataformas han adaptado sus algoritmos a perfiles populares y, en la mayoría de los casos, se ven condicionadas por los anunciantes. Sin embargo, en TikTok no es necesario contar con millones de seguidores para que tu contenido consiga miles de reproducciones. Esto se debe gracias a su sistema de recomendaciones, que se basa en unos indicadores específicos como las interacciones entre usuarios, la configuración de la cuenta o el contenido creado.

Cómo crear vídeos virales

Después de haber aprendido cómo crear vídeos desde cero, vamos a dar un paso más allá para publicar vídeos que se hagan virales. Antes de nada, en TikTok lo más importante es exprimir la creatividad, tengas la edad que tengas. El talento siempre suma, pero predomina el querer pasárselo bien. Así lo demuestra @anitaverbenas, una mujer mayor que nos hace reír con sus vídeos tan naturales y muy divertidos.

Vídeo completo en el perfil de @anitaverbenas

Este vídeo, que utilizaba el sonido original de ariadnaricciari[13] y con el que se han hecho más de 1.4 millones de vídeos, ha llegado a sumar un total de 3.8 millones de reproducciones, cuando sus clips, normalmente, no suelen superar las 20.000 visua-

13. Su audio ha sido utilizado en más de 1.3 millones de clips https://www.tiktok.com/music/sonido-original-6788500679070698246?lang=es

lizaciones. El clip de Anita gustó tanto a los miembros de la red social que empezó a recibir una gran cantidad de *likes*, llegando hasta los 125.000 en unos días. Además, entre los más de 1.000 comentarios que recibió, los primeros hacían referencia a por qué ese contenido no se estaba viralizando ya. Con este ejemplo, se hace evidente que una persona no famosa, que con sus vídeos llega como mucho a 20.000 personas, que no son pocas, de pronto, consigue alcanzar a casi 4 millones de usuarios, que son muchísimo. Dicho de otra manera, una mujer que solo pretende divertirse con su marido haciendo vídeos logra llegar a más personas que habitantes tiene Galicia en todo su conjunto. Es así como TikTok y su sistema de recomendaciones hacen magia.

Cómo convertirse en TikToker

Ahora que ya hemos visto que triunfar en TikTok sin tener siquiera ese objetivo es posible, pasamos a descubrir cómo conseguirlo. Coged vuestros móviles y poneos creativos, porque aquí llegan los *tips* más esperados para convertirse en un verdadero *tiktoker*.

- ❑ Prueba los efectos: Hay una infinidad de ellos y, quizá, este sea uno de los mayores atractivos de la red social. Tal y como veíamos en el capítulo anterior, para descubrirlos solo tienes que pulsar en el botón 'Efectos', que está a la izquierda del de *rec*. Puedes añadirlo antes de empezar a grabar o cuando ya tengas tu clip listo. Si lo seleccionas antes podrás navegar por la enorme lista que hay y solo tienes que pinchar sobre el que más te guste para verlo en acción sin necesidad de estar filmando. Después de elegir uno, pulsa sobre la pantalla para cerrar el menú de efectos, y comienza a grabar utilizando el efecto escogido.
- ❑ Dale un tono especial a tu vídeo con los filtros. En el caso de esta parte de la edición solo se puede elegir pregrabación. El botón se encuentra en el menú derecho y hay una gran variedad de filtros. Estos son ajustes de color, saturación o contraste, entre otros, que se añaden a los clips. Todos estos ajustes vienen predeterminados y categorizados por distintas temáticas como Paisaje o Comida, por ejemplo.

- Graba con el manos libres. Aunque ya sabemos que hacer vídeos con más gente es lo más divertido, no siempre es posible tener a alguien alrededor con quien compartir escena o para que te grabe mientras tú disfrutas delante de la cámara. Grabar en formato *selfie* mientras mantenemos pulsado el botón de *rec* es una opción, pero ¿y si probamos a hacerlo como lo hacen los expertos? Dentro del menú derecho hay un icono con un reloj y un número (puede ser un 3 o un 10, depende del temporizador que tengamos seleccionado). Si pinchamos sobre él, podremos grabar durante 60 segundos sin necesidad de tener pulsado el botón de grabar. Primero elegimos la duración del temporizador (tres segundos o diez) y después hacemos click en 'Iniciar conteo'. Una vez hecho esto, y cuando el temporizador llegue a 0, la cámara empezará a grabar y para parar la grabación tienes que presionar sobre el botón de *rec*. Es una acción muy sencilla, pero que marcará la diferencia en tus vídeos.
- Juega con la velocidad de grabación, cámara rápida o lenta, tú eliges. TikTok también te permite variar la velocidad de tus

clips. Y no solo puedes grabar a menor o mayor velocidad, sino que puedes alternar distintas velocidades dentro de un mismo vídeo. Lo único que hay que tener en cuenta es que si grabas a cámara rápida x2, necesitas tener una grabación de mínimo 30 segundos de duración, para que al alterar la velocidad el resulta exceda los 15 segundos. Este tipo de ajuste funciona muy bien acompañado de un sonido acorde a la grabación. Es decir, hay canciones que, incluidas en vídeos filmados a cámara rápida o a cámara lenta, provocan un efecto diferenciador. Este puede ser cómico, de misterio o de tensión. Incluso un sonido bien elegido puede llevarnos hasta un pase de modelos. Ejemplo de ello fue el caso del sonido original de Masego, que muchos usuarios (casi un millón y medio) lo utilizó para jugar con las velocidades de tiempo no reales, ya que verdaderamente no alteraban la velocidad de la grabación, sino que ellos se movían más o menos despacio. Los vídeos que seguían esta tendencia, tomaban el nombre *Slow walk* y *Slow Motion Challenge*.

- Si llevas un tiempo pasando horas en el *feed* de TikTok te habrás dado cuenta de que a veces la pantalla se divide en dos y a cada lado hay un usuario diferente, pero ambos hacen movimientos parecidos, sino similares. Esto se llama dúo o dueto y consiste, básicamente, en utilizar un vídeo ya publicado para realizar tu propia versión. Lo habitual es seleccionar un vídeo de un amigo o *influencer* y añadir tu vídeo con formato pantalla dividida. Para poder hacerlo, el otro usuario tiene que tener activo la opción de permitir hacer dúos, sino no podrás hacerlo. Para grabar un dueto lo primero que necesitas es localizar un vídeo original y, después, pincha sobre el icono compartir que está en el menú derecho de la pantalla. Si el usuario permite hacer dúos el icono 'Dúo' estará del mismo tono que el resto de iconos, sino estará con un tono más claro.

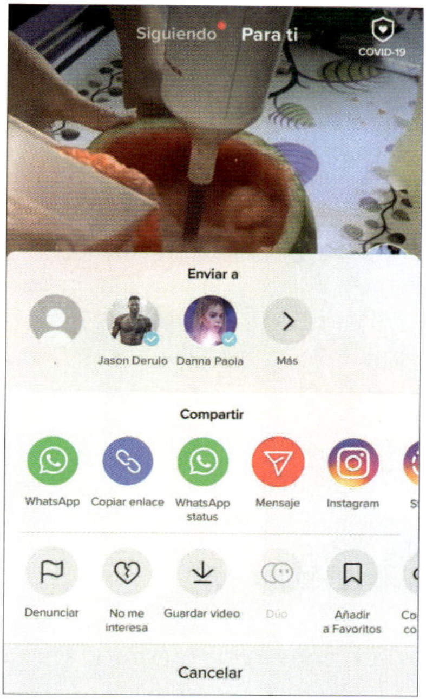

Este vídeo no permite hacer dúos

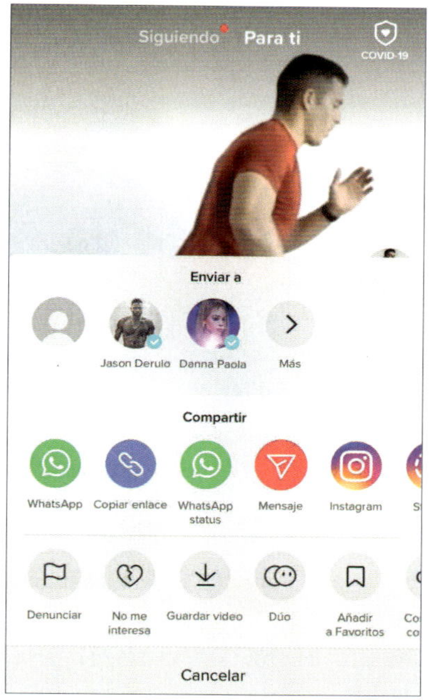

Este vídeo del entrenador personal Sergio Peinado sí permite hacer dúos

Al pinchar sobre el icono 'Dúo' del perfil del entrenador personal Sergio Peinado se abre, directamente, la pantalla de grabación para que podamos empezar a grabar nuestro vídeo teniendo en la parte derecha (por defecto, se puede cambiar haciendo click sobre 'Diseño') el vídeo original.

De esta forma, encontrarás todas las funciones que permite TikTok cuando grabas un vídeo de cero. Tanto grabar a diferentes velocidades, como añadir un efecto, por ejemplo. Además, es posible detener la grabación pulsando sobre el botón de *rec* y seguir filmando después. Es decir, puedes grabar tus dúos en varios cortes, si fuera necesario. Algo que hay que tener en cuenta es la duración del clip, ya que ha de durar exactamente lo mismo que el original. Una vez grabado, podrás editarlo al completo en la pantalla de edición con efectos visuales, *stickers* o audio superpuesto. No olvides el último paso antes de publicarlo: seleccionar los *hashtags* adecuados, mencionar a tus amigos, incluir algún texto y seleccionar las opciones de visualización y privacidad.

- ❏ Todos los expertos en TikTok tienen un nicho, es decir, cuentan con una audiencia potencial a la que dedican todo su contenido y esta les sigue allá a donde vayan y hagan lo que hagan. Tener un nicho dentro del mercado es mucho más beneficioso de lo que, a priori, pueda parecer. Un nicho es un segmento del mercado que comparte unas características, intereses, necesidades, problemas, etc. Y, no, no caigas en el clásico: “todos queremos lo mismo”, porque eso sería unirte al mercado global y competir ahí es sumamente complicado. Limita a quién quieres dirigirte y determina qué temáticas vas a explotar en tus vídeos. Por ejemplo, si te gusta cocinar, conviértete en un experto en hacer vídeos sobre cocina. Y hazte preguntas: "¿qué tipo de cocina me gusta?". Una buena idea es buscar diferentes estilos de cocina en *Google Trends*[14] para saber qué es tendencia. Así, si buscamos el término "vegan" (vegano en inglés) apreciamos que el interés ha ido en aumento a lo largo del tiempo. Por lo que crear vídeos de cocina vegana podría ser una buena idea. De esta manera, y casi sin darte cuenta, te habrás especializado en un tipo de contenido, que interesa a un segmento de la población. Así, tendrás mayores oportunidades de negocio, en caso de que quisieras ganar dinero a través de la red social, esto lo veremos más adelante.

Hashtags, un nivel superior

Saber utilizar *hashtags* para etiquetar y categorizar tu contenido es de ser un auténtico experto. Aunque, actualmente, estemos muy familiarizados con este término, el *hashtag* nació en 2007, a través de Twitter. Fue todo gracias a Chris Messina, tecnólogo, ponente y diseñador de productos, que propuso el 23 de agosto de 2007 a partir de un tweet que se empezara a utilizar la # delante de las palabras más utilizadas para poder categorizar el contenido por temáticas.

Tweet original de Chris Messina el 23 de agosto de 2007, cuando propuso como idea empezar a utilizar la # delante de las palabras.

14. Es una herramienta de Google que permite localizar los términos más buscados dentro del periodo temporal que selecciones. Asimismo, las gráficas que representa tienen en cuenta con cuánta frecuencia se realiza una búsqueda en diferentes regiones del mundo y en distintos idiomas.

Puede parecer increíble, pero en un primer momento Twitter rechazó la idea de implementar esta metodología de etiquetado dentro de su red social. Así, Chris Messina compartió la idea con otras empresas, que más tarde acabó comprando Twitter. No obstante, realmente, no fue hasta el año 2010 cuando se empezó a tener consciencia de lo útil que resultaba esta simple iniciativa. Pero no fue Twitter quien se llevó el galardón, sino que fue Instagram, donde todos sus usuarios, a partir de ese año, ya utilizaban los *hashtags* para clasificar sus fotografías dentro de la comunidad. En TikTok se utiliza con el mismo objetivo: catalogar el contenido. Y, ¿por qué es verdaderamente provechoso el uso del *hashtag* en nuestras publicaciones? Porque, básicamente, sirven para posicionar mejor tu contenido. Una buena selección de *hashtags* puede ser la clave para que tus vídeos triunfen. Además, a través de su uso es posible llegar a muchos más usuarios.

Saber qué *hashtags* utilizar no es una tarea sencilla. Por ello, hay muchas aplicaciones disponibles, tanto en App Store como en Play Store de Google, que están dedicadas a ayudarte. Algunas de ellas son 'Hashtags for TikTok', solo disponible para Android, o 'Hashtags for TTkok Followers', bastante menos conocida. Todas ellas, tanto las focalizadas en Instagram, como las dedicadas a TikTok, tienen el mismo cometido: recomendar los mejores *hashtags* según el contenido para amplificar su alcance y que puedas obtener más seguidores. Pero si eres de los que prefieren analizar y dejar a un lado las aplicaciones, estos consejos son para ti:

- ❏ Analiza los *hashtags* que utilizan los usuarios que publican un contenido similar al tuyo. De esta forma, consigues posicionarte entre la audiencia que te interesa.
- ❏ Busca los *hashtags* más utilizados de ese momento según tu ubicación o la temática.
- ❏ Echa un vistazo a los que emplean tus competidores, ya seas una marca o un individual, siempre va a haber perfiles que se asemejen al tuyo y tú quieres destacar.
- ❏ Crea tu propio *hashtag*. Es una acción bastante habitual por parte de *influencers* dentro de todas las redes sociales. Un ejemplo es el cantante Jason Derulo, muy activo en TikTok,

que, asiduamente, propone *hashtags* propios como #ghostderulo (con casi 95 millones de visualizaciones) o #savagelove, que ya supera los 876 millones de reproducciones. El segundo, #savagelove, nació a razón de su último éxito, que recibe el mismo nombre, y que es uno de los hits más utilizados por los usuarios de la plataforma. El sonido original Savage Love (Laxed - Siren Beat), de Jawsh 685 & Jason Derulo, suma un total de 3.5 millones de vídeos.

Vídeos con el hashtag #ghostderulo

Vídeos con el hashtag #savagelove

A nivel global los *hashtags* más populares son:

- #foryourpage
- #fyp
- #foryou
- #viral
- #love
- #funny

- #followme
- #cute
- #fun

Si nos detenemos a analizar los *hashtags* más utilizados según el tipo de contenido, podemos ver que hay ciertos *topics* que siempre se mencionan cuando el contenido corresponde a un tipo u otro. Por ejemplo, para contenido divertido se suelen emplear algunos como #prank o #comedy. Por otro lado, para comida se usan: #myrecipe, #foodrecipe o #foodislove. Es importante saber cuáles hemos de seleccionar según qué tipo de vídeo vamos a publicar, pero hay otras claves que no debemos olvidar si queremos convertirnos en expertos:

- No incluyas demasiados *hashtags* en una misma publicación, tanto por dimensión de texto (admite un máximo de 100 caracteres con espacios), como por no conseguir ubicar tu contenido dentro de una sola temática o nicho.
- Mezcla algunos *hashtags* populares con otros menos utilizados dentro de la aplicación, ya que los populares tienen mayor competencia y es difícil posicionarse entre ellos. Según vayas obteniendo un buen *engagement* con los menos populares, tu posición ascenderá automáticamente dentro de los *hashtags* más utilizados.
- Otro quid es el uso de *hashtags* específicos en ocasiones especiales, como #blackfriday o #halloween.
- Según un estudio realizado por *Influencer MarketingHub* hay ciertas horas a lo largo del día que tienen mayor actividad, por lo que elegir bien la hora de publicación puede marcar la diferencia una vez más.

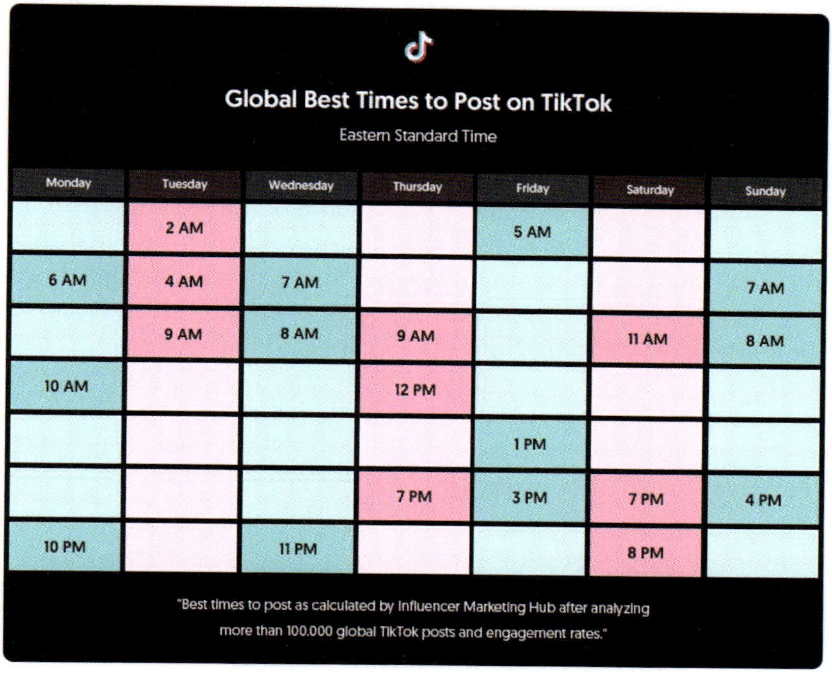

Gráfica realizada por la compañía *Influencer MarketingHub* a partir de una evaluación del rendimiento de 100.000 publicaciones de todo el mundo.

- ❑ Descubre la hora en la que tu audiencia está más activa. Por ejemplo, si las personas a las que quieres llegar se dividen entre varios países, has de conocer cuál es la diferencia horaria para poder publicar el contenido a una hora que sea provechosa para estas zonas geográficas. TikTok todavía no ha incorporado la posibilidad de programación del contenido, pero puedes utilizar otras plataformas de planificación[15] para dejar varios vídeos programados sin necesidad de estar con el móvil delante, como *Hootsuite* o *Buffer*.

15. Las plataformas de planificación son aquellas que se dedican a ayudar a individuales y a empresas a organizar todas sus publicaciones, independientemente de la red social en la que estén trabajando https://influencermarketinghub.com/social-media-posting-scheduling-tools/

Quien no reta no gana

Una de las funcionalidades con más popularidad en TikTok son los retos entre usuarios, también conocidos como *challenges*. Los retos consisten en realizar una acción como un baile o una prueba y mencionar a otros contactos para que lo hagan igual o a su manera. Normalmente, los *challenges* muestran facetas talentosas y divertidas de los usuarios, pero, en ocasiones, pueden llegar a resultar peligrosos. Sean del tipo que sean, resulta curioso que son un tipo de contenido muy viralizable. Es habitual ver en el *feed* a diferentes personas realizando el mismo vídeo, si es así, es que están siguiendo un reto, que vendrá etiquetado con su *hashtag* correspondiente. Los retos van cambiando, prácticamente, cada semana. Y recuerda que siempre te puedes unir al que más te guste.

Durante el último año, han destacado algunos como el Champeta Challenge, lanzado por la cantante Shakira, que se viralizó en cuestión de horas. Consistía en realizar los pasos de baile que hizo en su participación en la *Super Bowl* americana.

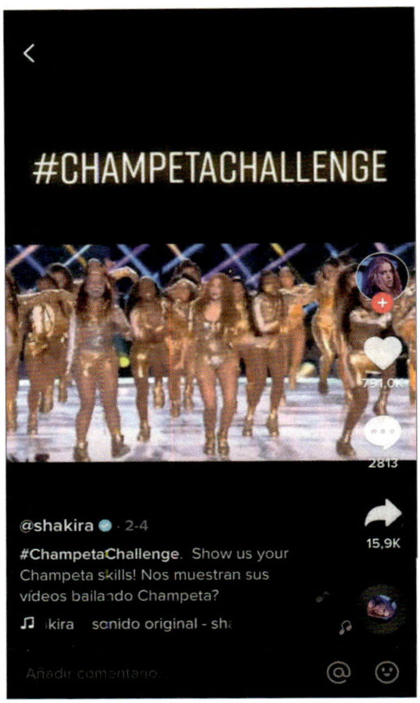

Vídeo que publicó Shakira el 4 de febrero para animar a sus seguidores a seguir el reto #ChampetaChallenge.

El hashtag #ChampetaChallenge cuenta con más de 181 millones de visualizaciones y una infinidad de vídeos.

Uno de los retos más peligrosos que se ha propuesto en el último año, fue el #OutletChallenge, que solo requería tres objetos: un cargador de móvil, un enchufe y una moneda. Consistía en introducir el cargador en la ranura del móvil, pero no al completo, colocar la moneda en el espacio que queda en la toma de corriente y después enchufar el cargador. Todo ello sin "salir quemado". Este reto obtuvo muchas críticas y, aunque el vídeo se puede seguir visualizando dentro de la red social, el *hashtag* #OutletChallenge fue eliminado de las búsquedas.

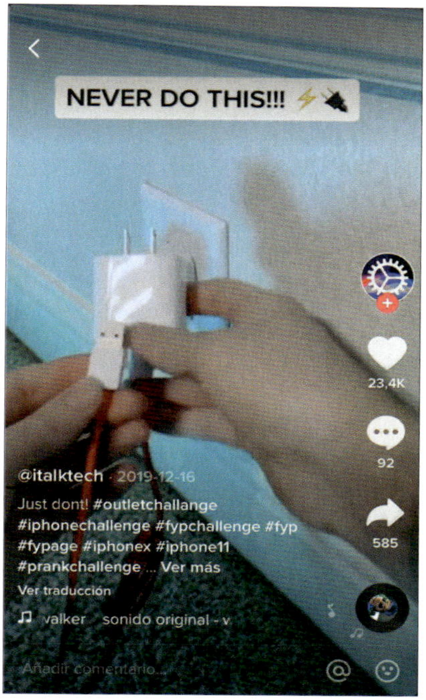

Es posible seguir viendo el clip dentro de la red social

Otro de los retos que más adeptos ha tenido durante el último año ha sido #10toqueschallenge que se basaba en coger un rollo de papel higiénico y dar diez toques con él como si fuera un balón. Una de las características diferenciadoras que tuvo este *challenge* fue que se unieron a él muchos futbolistas y, además, fomentaba el #quédateencasa, que tanto marcó el inicio del año 2020.

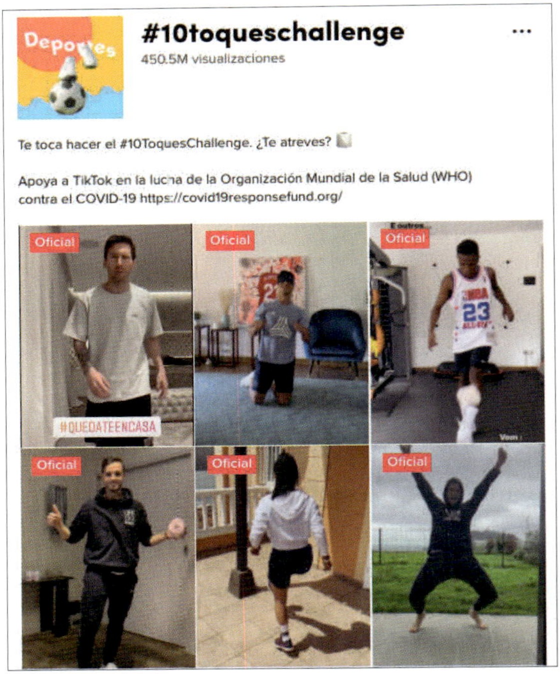

El reto cuenta con más de 450.5 millones de visualizaciones

Además de participar en los diferentes retos que proponen algunos *influencers*, puedes crear el tuyo propio. Solo tienes que grabarte realizándolo y elegir un *hashtag* para él. Después, invita a tus seguidores a subir vídeos que incluyan el hashtag del reto y para llegar hasta más usuarios pídeles que etiqueten a sus amigos. Ya sabes que gracias al sistema de recomendaciones de TikTok tú también puedes hacerte viral en cuestión de horas.

Con todos estos *tips* es fácil convertirse en un experto en TikTok o, al menos, el camino hasta la meta es mucho más divertido. Si echamos un vistazo punto por punto a las claves para llegar a ser *tiktoker*, nos damos cuenta de que es muy importante tener o formar parte de una comunidad. Es decir, es muy positivo contar con una lista de fieles seguidores y saber dónde y cómo tener más éxito con el contenido que publicas. Todo esto nos lleva al concepto "crear tu propia comunidad" dentro de la aplicación. Esta es la clave para no perderse en el universo infinito de TikTok. ¡Allá vamos!

5

CREA TU PROPIA COMUNIDAD

A principios del año 2020, la red social actualizaba las Normas de la comunidad. Así, exponían: "La misión de TikTok es fomentar la creatividad y la diversión. Estamos creando una comunidad global donde todos pueden crear y compartir de forma auténtica, descubrir el mundo a su alrededor y relacionarse con usuarios de todo el mundo. También nos comprometemos a garantizar la seguridad de los usuarios. Las Normas de la comunidad reflejan nuestros valores, definen un código de conducta común y describen los pasos que tomamos para evitar comportamientos nocivos. Estas normas también permiten a la comunidad garantizar la seguridad de un espacio compartido. TikTok es una plataforma inclusiva basada en la libertad de expresión responsable. Animamos a nuestros usuarios a celebrar lo que les hace únicos, y a unirse a una comunidad que hace lo mismo. Apreciamos enormemente que nuestros usuarios pertenezcan a una amplia variedad de nacionalidades y culturas, y tenemos en cuenta las normas culturales de los países en los que operamos".

Así, quedaba claro que la plataforma aboga por la inclusión y la protección de todos sus usuarios, consiguiendo que todos formen parte de una misma colectividad. A diferencia de otras redes, como Instagram, no promueven la distinción social o económica entre los consumidores, sino que promueve la idea de que "todos pueden hacer todo." De esta manera, crear una comunidad puede resultar mucho más sencillo que en otras plataformas sociales, que cuentan con más segregación y diferenciación entre los perfiles. En TikTok, no se premia más un baile por hacerlo frente a una mansión (como es el caso de @aritzaren) o las bromas no tienen más gracia por ser en un barco exclusivo a orillas de las calas de Menorca. El talento es talento y no importa si tienes un entorno de lujo o si tu vídeo está grabado en cualquier lugar mucho menos exclusivo. Esta red social apuesta por la creatividad y la originalidad y no tanto por el *postureo*, que tan acostumbrados estamos a ver en otras redes. Así, TikTok fomenta la creación de una comunidad global formada por otras pequeñas comunidades y colectivos que van construyendo los propios usuarios gracias al contenido que comparten. Interactuar con los demás o compartir tus vídeos en otras redes sociales son solo algunos pasos para construir tu propia identidad dentro de TikTok

Expertos en marketing digital y social media, como Fátima Martínez[16], afirman que cuando las marcas y la política entran en una red social quiere decir que su crecimiento está siendo exponencial y que se esperan muy buenos resultados. En TikTok, esto empezó a experimentarse hace un año, cuando la propia plataforma prohibió los anuncios de campañas electorales dentro de la app. Sin embargo, aunque los políticos no sean bienvenidos, muchos usuarios ya están haciendo de altavoz de las ideas políticas del momento. A mediados de 2020, tras la muerte del joven afroamericano George Floyd[17], el movimiento #BlackLivesMatter saltó a las calles de todo el mundo, siendo especialmente notorio en Estados Unidos. En plena pandemia por la Covid-19, millones de ciudadanos americanos inundaban las calles con el lema #BlackLivesMatter (las vidas negras importan) en pancartas, camisetas e, incluso escritas en el cuerpo. El presidente de los Estados Unidos, Donald Trump no dejaba de incrementar la rabia, afirmando que actos como el letrero de "Black Lives Matter" en la Quinta Avenida de Nueva York eran un símbolo de odio. Así, las protestas cada vez fueron en aumento, llegando a imponer toques de queda en muchos estados, como en Florida. El descontento cada vez crecía más y las protestas acabaron convirtiéndose en batallas campales entre manifestantes y radicales del pensa-

16. Fundadora de Social Media FM en 2009, empresa que asesora a grandes empresas en transformación digital y gestión del cambio https://fatimamartinez.es/sobre-mi/
17. George Floyd fue asesinado el 25 de mayo de 2020 a manos de la policía estadounidense. Su asesinato provocó protestas raciales en Estados Unidos y en todo el mundo. El movimiento lo abandera el hashtag #BlackLivesMatter, que comenzó en 2013 tras la absolución de George Zimmerman por el asesinato con un arma de fuego del adolescente afroamericano Trayvon Martin.

miento de su propio presidente, que en ningún momento dio su brazo a torcer. El 29 de mayo, EFE Noticias publicaba una noticia sobre declaraciones de Donald Trump acerca del movimiento.

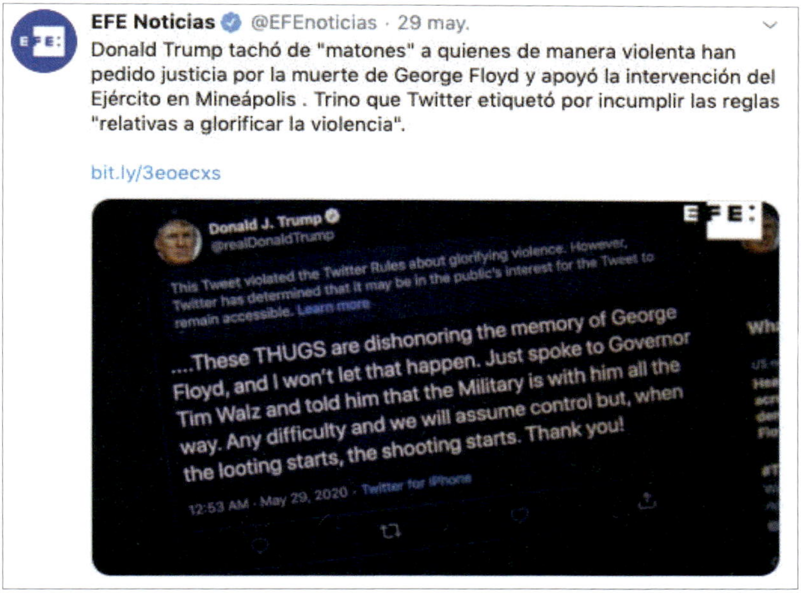
EFE Noticias @EFEnoticias · 29 may.
Donald Trump tachó de "matones" a quienes de manera violenta han pedido justicia por la muerte de George Floyd y apoyó la intervención del Ejército en Mineápolis . Trino que Twitter etiquetó por incumplir las reglas "relativas a glorificar la violencia".

bit.ly/3eoecxs

"Esos MATONES están deshonrando la memoria de George Floyd y no lo voy a consentir. Acabo de hablar con el gobernador Tim Walz y me ha comunicado que tiene el apoyo del ejército. En cuanto haya alguna dificultad tomaremos el control, cuando empieza el saqueo, comienza el tiroteo. ¡Gracias!" Esas fueron las palabras del presidente norteamericano, a lo que se respondió con mayor número de protestas. Todo derivó en tanques en las calles, personas detenidas, radicales con armas, etc. Toda esta corriente acabó en TikTok, muchos de sus usuarios compartieron contenido relacionado con el #BlackLivesMatter. Los vídeos con este *hashtag* han recibido más de 18 billones y medio de visualizaciones.

Por supuesto, entre todos estos vídeos encontramos clips de *celebrities* como la jugadora de baloncesto Crissa Jackson, que hizo un vídeo en conjunto con personas de diferentes nacionalidades y estratos.

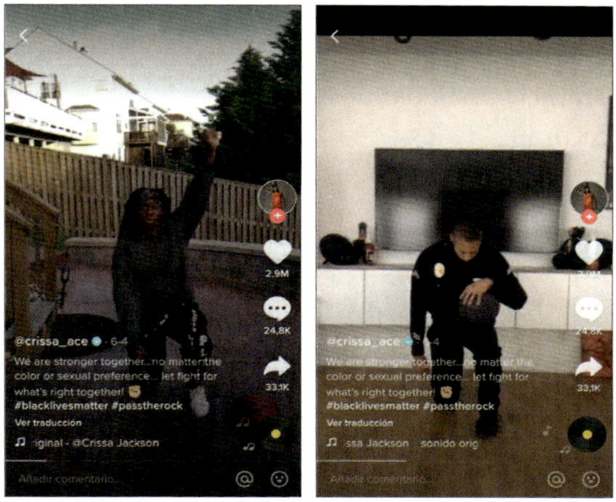

Vídeo completo en el perfil de Crissa Jackson @crissa_ace

Otro buen ejemplo es la *tiktoker* Charli D'Amelio que, actualmente, sigue teniendo como foto de perfil una imagen con fondo negro y en letras blancas "Black Lives Matter".

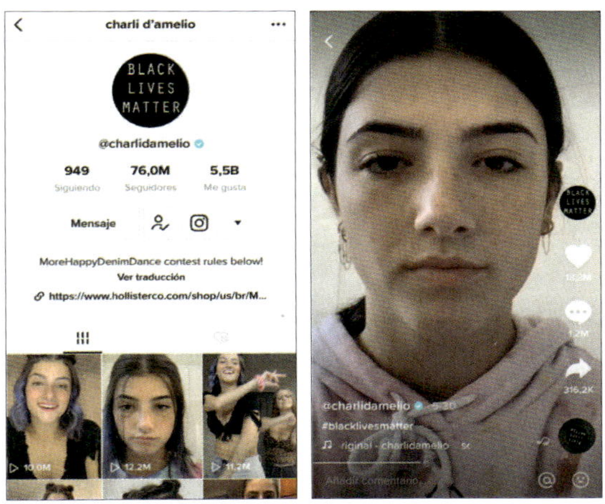

Vídeo completo en el perfil de Charli D'Amelio @charlidamelio

Sin estar previamente planificado y sin ser conscientes de ello, todas las personas que se unieron al movimiento #BlackLivesMatter en TikTok formaron una comunidad dentro de la propia plataforma. Un colectivo a favor de la lucha contra el racismo que se sigue respirando en las calles y, sobre todo, frente a la acción policial en casos de discriminación racial. A través de grandes movimientos como este y de otros más pequeños se van formando comunidades con características similares que, principalmente, pueden tener dos funciones dentro de la aplicación. La primera es la congregación de personas con intereses e ideologías parecidas, que tratan de compartir sus pensamientos, acciones o logros entre sí. Sería un proceso similar al hecho de crear un grupo de amigos, pero a través de Internet y, probablemente, a miles de kilómetros unos de otros. Sin embargo, está el otro lado de la moneda, la segunda función, que es la segmentación. Estas comunidades o colectivos ayudan, sin saberlo, a que las marcas puedan focalizar su publicidad hacia un tipo de audiencia determinado. Las marcas, antes de lanzar un producto, estudian a su audiencia y los analistas de mercado pasan semanas analizando qué puede funcionar, cómo y dónde. La congregación de los propios usuarios en un solo espacio ayuda mucho a que las marcas sepan hacia dónde tienen que lanzar sus productos y servicios, esto les ayuda a ahorrar millones de euros. Aunque la principal cuestión es: ¿hasta qué punto es ético o moral? Hablaremos de ello en el capítulo 6. Ahora nos centraremos en crear nuestra propia comunidad.

Cómo interactuar con otros usuarios

Uno de los primeros pasos para empezar a conocer a otras personas con intereses similares a los tuyos es interactuar con ellas. Ya estamos acostumbrados a poder dar a *like* o a comentar en las publicaciones de los demás e, incluso, a compartir el contenido con otro usuario o guardarlo para verlo más tarde. Pero TikTok ha impuesto algunas formas de interactuar novedosas dentro del mercado de redes sociales.

Vídeo del cantante Camilo con su mujer @evaluna

- *Like*: un simple me gusta en una publicación ayuda al sistema de recomendaciones de la aplicación a ofrecerte un contenido especialmente para ti. Para darle a *like* a un vídeo, tienes que pulsar sobre el corazón que aparece en el menú de la derecha. Con esta acción, que puedes deshacer volviendo a hacer click sobre el corazón, le dices a TikTok qué tipo de contenido te resulta atractivo. Cuando el corazón tiene color rojo significa que le has dado a me gusta a esa publicación.

Una acción muy interesante que ofrece la red social es informar de que hay un clip que no te interesa. Con esto das una alerta al sistema de recomendaciones de TikTok para que no te muestre contenido similar a ese o clips de ese usuario, tú mismo puedes marcar la preferencia, ya sea 'Ocultar vídeos de ese usuario' o 'Ocultar vídeos con este sonido'. Para hacerlo, solo tienes que dejar pulsado unos segundos el dedo sobre el vídeo que estás viendo. De esta manera, te aparece un menú con varias opciones: 'Guardar vídeo'; 'Añadir a favoritos'; 'No me interesa' y 'Denunciar'. Pinchamos sobre 'No me interesa' y 'Más', para poder seleccionar si queremos dejar de ver vídeos de ese perfil o clips con ese sonido.

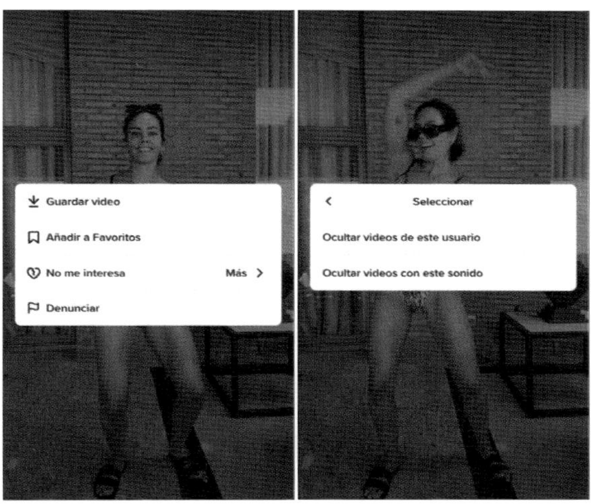

Vídeo de la periodista Cristina Pedroche @cristipedroche

A través de esta elección estaremos dando información adicional al sistema de recomendaciones para que pueda personalizar todavía más el contenido que nos muestra en el *feed*.

- Comentar las publicaciones o, simplemente, ver los comentarios que han recibido de otros usuarios, te puede ayudar a encontrar perfiles afines a ti. Para abrir la pantalla de comentarios, tienes que hacer click sobre el icono de bocadillo con tres puntos que aparece en el menú derecho.

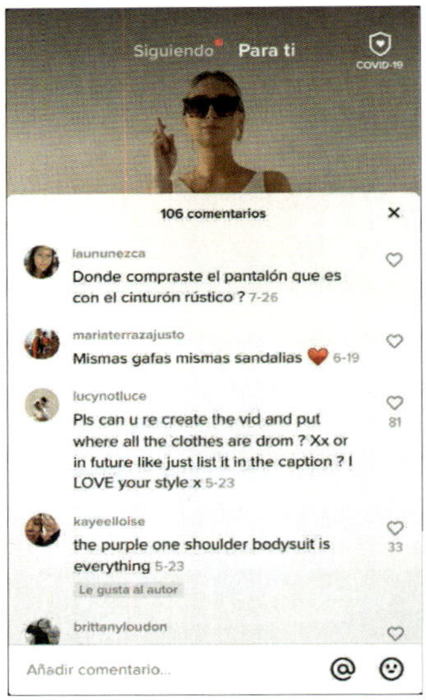

Vídeo de @ierapaperlight

Una vez en esa pantalla, podrás comentar escribiendo en el espacio en blanco que hay en la parte inferior. Además, podrás mencionar a alguien poniendo su nombre de usuario, utilizando siempre @, y añadir emoticonos, pulsando sobre el icono de emojis. Asimismo, puedes ver todos los comentarios que tiene ese vídeo y darle a *like* a cualquiera de estos.

- Enviar a otra persona u otra red social. Debajo del botón de comentar, hay una flecha hacia la izquierda que nos permite enviar ese clip a quien queramos, tanto dentro de TikTok como fuera de ella, ya sea por WhatsApp, Instagram o cualquier otra que tengamos instalada en el móvil. Asimismo, este botón ofrece la posibilidad de denunciar el contenido, guardarlo, hacer un dúo, añadir a favoritos, etc. A través de este icono podemos realizar muchísimas interacciones que nos ayudan a formar parte de la comunidad, de una manera u otra.

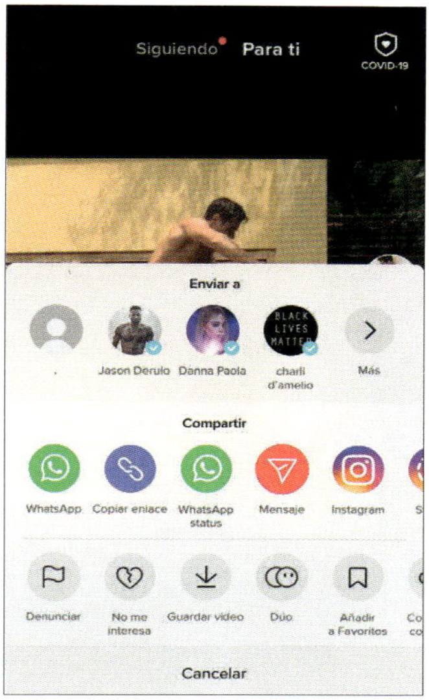

Sí, hasta ahora hemos visto funcionalidades más o menos parecidas a las que hay en otras redes sociales. Sin embargo, al principio de este punto se mencionaba que TikTok había desarrollado acciones novedosas en cuanto a interacción entre los usuarios. Entre ellas destacan hacer dúos (que ya mencionamos en el capítulo anterior) y la funcionalidad "Saldo". Para ir hasta esta opción tenemos que ir a nuestro perfil y pinchar en "Ajustes y privacidad".

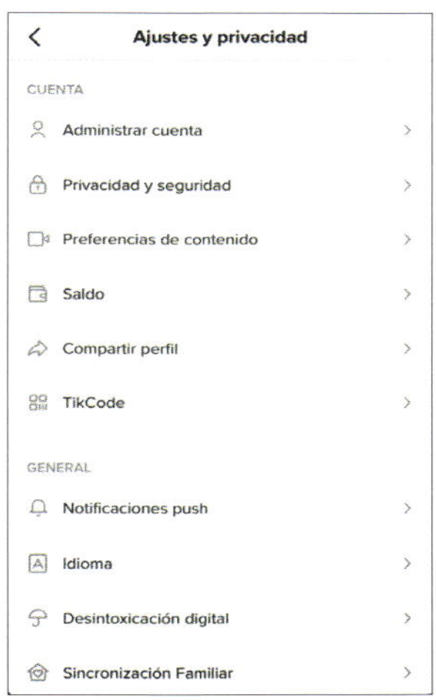

Después, hacemos click en 'Saldo' y nos aparecerá una nueva pantalla con la que, probablemente, no estemos familiarizados y que lleva como título 'Cartera'. En la esquina superior derecha encontramos escritas las siglas FAQ (Preguntas frecuentes), si pinchamos sobre ellas pasamos a una pantalla donde se resuelven las posibles dudas que tengamos sobre esta funcionalidad. Porque, realmente, ¿a qué hace referencia esto?

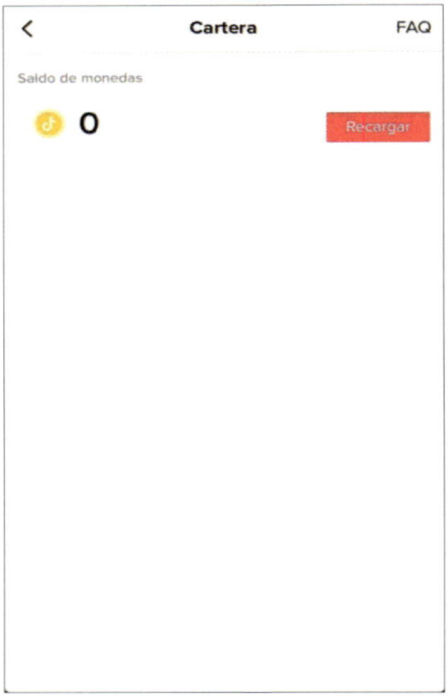

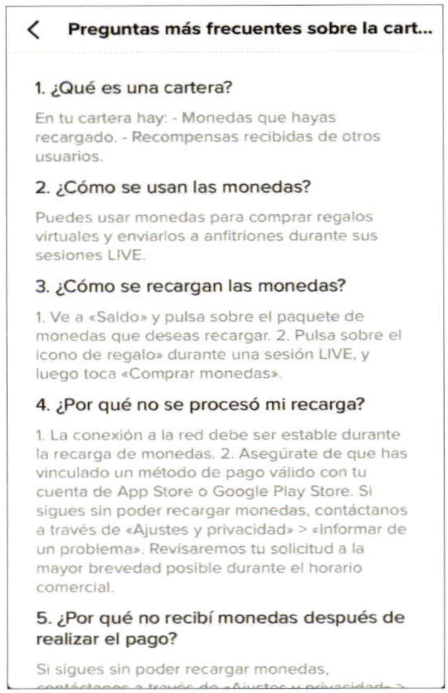

'Saldo' es el sinónimo de cuántas monedas tienes en tu poder dentro de la propia aplicación. Con esas monedas, que se canjean a través de dinero real, puedes hacer regalos a otros usuarios que sigues, ya sea porque te gustan sus vídeos o por cualquier otro motivo. Recargar dinero para empezar a hacer regalos a otros usuarios es muy sencillo. Solo tienes que pinchar sobre el botón 'Recargar' que aparece al abrir 'Saldo'. Así, podrás comprar desde 65 monedas (1,09€) hasta 6607 (109,99€).

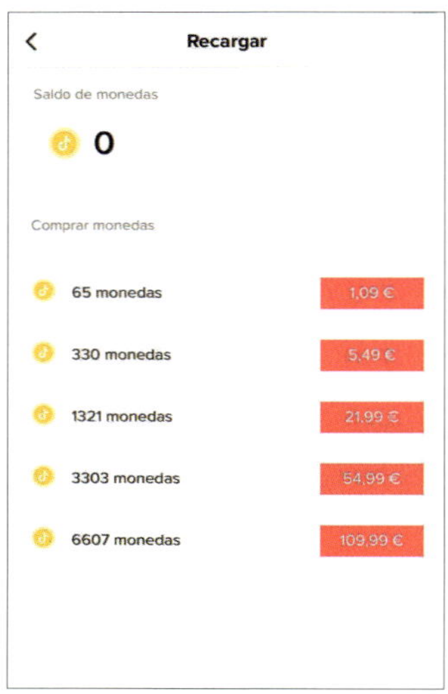

Estas donaciones solo se pueden hacer mientras el usuario esté haciendo un vídeo en directo, de esta manera entraremos en ese mismo momento en el chat y pinchar sobre el *sticker* (cada uno tiene un valor económico diferente) que se ajuste al regalo que quieres hacer. Para hacer efectivo el regalo basta con pulsar en el icono de la parte inferior del directo y seleccionar el que quieres. Cuanto más valor económico tenga el regalo que has hecho, mayor será tu visibilidad dentro del chat y, por lo tanto, mayor repercusión. Es otra forma de hacerte ver dentro de TikTok y de formar comunidad. Si eres tú el que quiere hacer un directo para recibir regalos, solo tienes que crear un nuevo vídeo y pinchar sobre la opción LIVE que aparece en el menú inferior, debajo del botón de grabar. Si no te aparece, es porque la propia aplicación no la ha activado para tu perfil, ya que es necesario llegar hasta los mil seguidores para que se haga activa o, bien, haber conseguido que uno de tus vídeos se haya hecho viral.

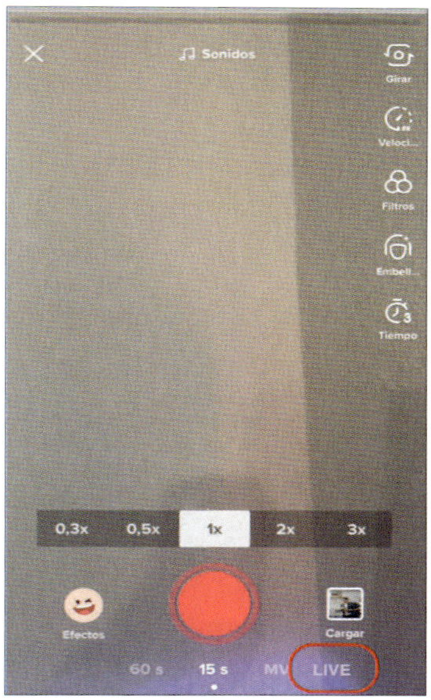

La opción de hacer vídeos en directo nos lleva al concepto de construir una identidad dentro de la propia aplicación. La clave para tener éxito asegurado.

Construye una identidad

Más allá del papel de las marcas en la plataforma, que trataremos en el siguiente capítulo, todas las personas pueden crear su propia identidad en TikTok. Cómo hacerlo no es tan difícil como parece, aunque hay que tener en cuenta algunos puntos clave.

El comienzo en TikTok podría asemejarse a la adolescencia, una etapa de búsqueda de la identidad, en la que todo afecta mucho más de lo normal y la comparación y diferenciación con el resto es un acto constante. Así, aunque resulte irrealizable, durante esta fase hay que intentar hacerse todas las preguntas posibles para construirse como persona y como *tiktoker*. ¿Quién soy y quién quiero ser de cara a los demás digitalmente hablando? ¿Quiero crear un personaje o quiero que los demás me conozcan tal y como soy en la realidad? ¿A quién quiero llegar? ¿Qué puntos fuertes tengo y cómo voy a explotarlos en la aplicación? Las cuestiones pueden ser infinitas, porque no todos nos hacemos las mismas preguntas de la misma manera, pero en lo que sí debemos coincidir todos es en la esencia: quién soy en mi día a día y quién voy a ser en TikTok.

Lo bueno del mundo digital es que cada uno puede ser quien quiera ser. Aunque en la "vida real", es decir en nuestro día a día, resulte muy complicado ser alguien que no eres, ya que eso significaría estar fingiendo todo el día, a través de las redes sociales es mucho más sencillo. Basta con ser esa persona en tus vídeos, ya que los demás no van a ver la parte de ti que tú no quieras mostrar. Ejemplo

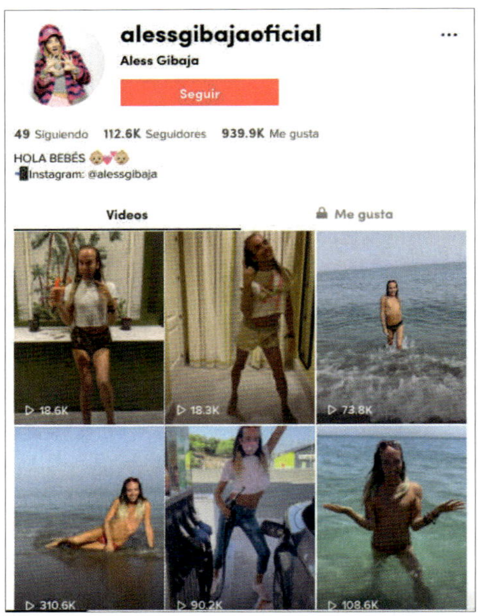

Perfil de Aless Gibaja
@alessgibajaoficial

de ello son Aless Gibaja y La vecina rubia. En el caso de Aless Gibaja, ha construido un personaje extravagante a partir de su persona y muchas de sus frases ya son conocidas *around the world*, como diría él.

Aless Gibaja se expone al máximo, mostrando cada día un modelito diferente y ofreciendo "super consejitos" del día y de la noche a todos sus seguidores. Gracias a sus clips le hemos visto en la peluquería, en la playa, en su casa y hasta en la gasolinera. Su opción es exhibirse todo lo posible a través de las redes sociales, ya que lo hace de igual manera en Instagram, donde cuenta con 724.000 seguidores.

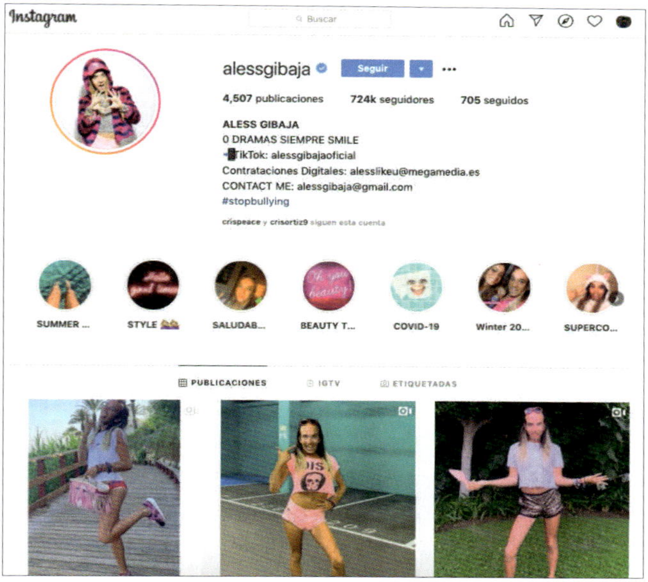

Perfil de Aless Gibaja en Instagram

Por su parte, La vecina rubia, hace todo lo contrario: no se exhibe absolutamente nada. De hecho, su identidad sigue siendo un misterio para todo el universo digital. Su aventura comenzó en Twitter en 2012, donde poco a poco, gracias a *tweets* muy ingeniosos y con mucha gracia, se fue haciendo un hueco hasta conseguir 888.500 seguidores en esta red social. Según iba publicando contenido se dio cuenta de que nunca había mostrado su rostro y aprovechó ese punto para explotarlo y hacer de su no exhibición una necesidad del usuario por descubrirlo. Hoy, ocho años después, sigue manteniendo su anonimato y bromea sobre ello.

Sobre todo, son destacables sus encuentros y su inesperado romance con el modelo y actor Jon Kortajarena. Todo empezó con una broma que se acabó extendiendo hasta llegar a una pedida de matrimonio vía Instagram.

Perfil de La vecina rubia en Twitter

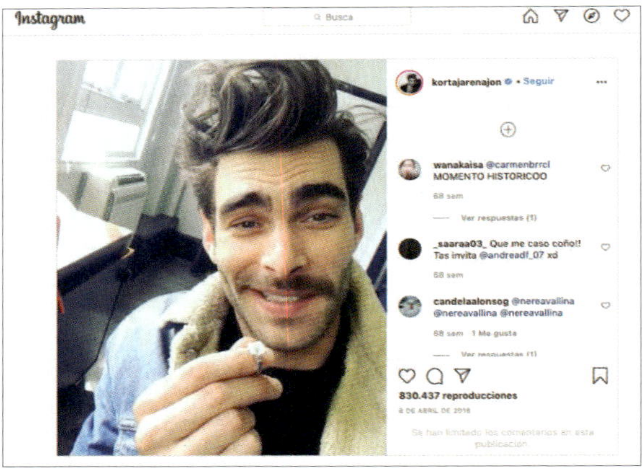

Vídeo de Jon Kortajarena pidiendo matrimonio a La vecina rubia a través de su cuenta de Instagram

Nunca se ha sabido si la historia era o no real, pero a ambos les ha servido, al menos, para hacer pasar un buen rato a todos sus *followers* y mantener una especie de telenovela entre publicación y publicación.

Foto de Jon Kortajarena y La vecina rubia en el perfil de Instagram de ella

En TikTok sigue manteniendo su anonimato, al igual que en el resto de redes sociales, ya que esta es la construcción de identidad que ella misma ha elegido para "darse a conocer" a través de Internet.

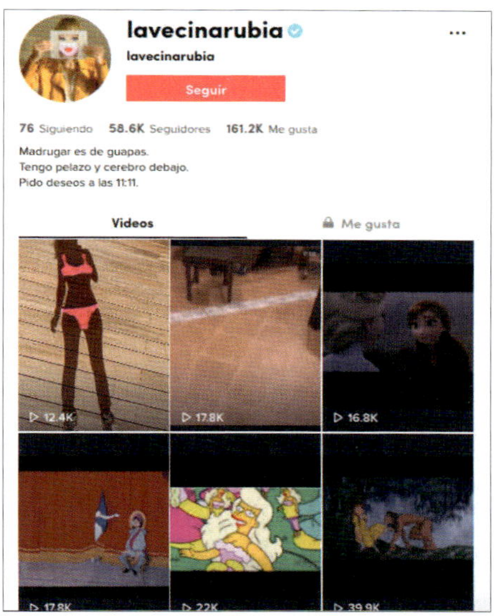

Perfil de La vecina rubia en TikTok

Vídeo de La vecina rubia en TikTok

En ninguno de sus clips aparece su rostro o algo con lo que se le pueda identificar y esto es, exactamente, lo que le hace tener tantos seguidores. Ella ha conseguido construir su propia identidad a través del anonimato, lo que es de admirar, pues no es una tarea sencilla.

Ambos, llevan años construyéndose dentro de las redes sociales, pero también tuvieron un inicio, ahora es tu momento:

- ❏ Mantén una esencia. Tanto si eres tú mismo como si creas un personaje, has de conservar siempre la naturaleza de lo que muestras. Es decir, transmítele a tu audiencia que siempre eres el mismo y no que cada día muestras una cara diferente, a no ser que tu personaje lo exija así. Por lo general, a las personas nos gusta la simetría y el equilibrio y radiar eso va a ayudar a que los seguidores quieran saber más.
- ❏ Además de tener una esencia clara, es importante ser coherente con ella. Es fundamental que todos tus clips formen un conjunto y no que parezca que cada uno ha sido grabado por una persona diferente. Ejemplo de ello son @lorengray, @spencerx

o @gilmhercroes. Los tres mantienen su esencia y coherencia en cada una de sus publicaciones.

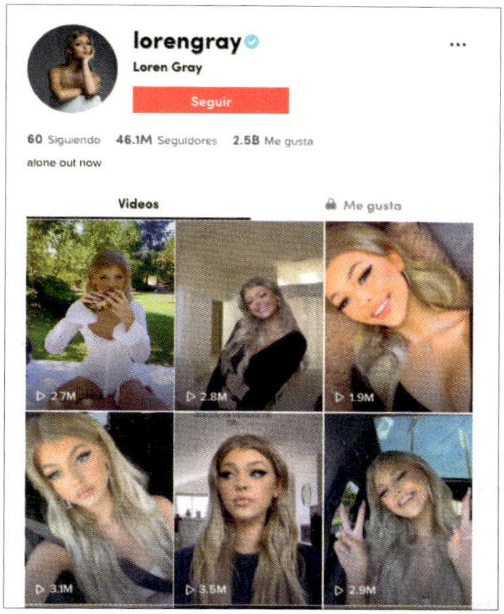

Perfil de la cantante norteamericana @lorengray. Todas sus publicaciones tienen como portada un fotograma de ella misma, por lo que sus vídeos son muy fáciles de identificar. El producto de su perfil es su propia imagen.

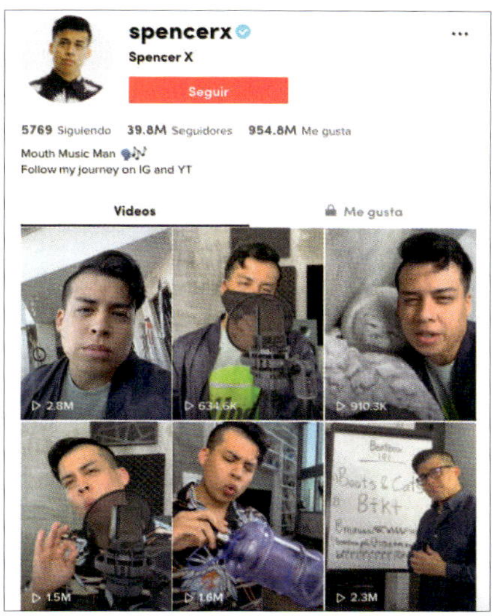

Perfil oficial de @Spencerx en TikTok

@Spencerx se dedica al beatbox, la capacidad de crear sonidos musicales utilizando los labios. Él lo hace incluyendo humor y en la portada de casi todos sus vídeos le vemos a él y un micrófono, a través de lo que podemos intuir que se dedica a la música.

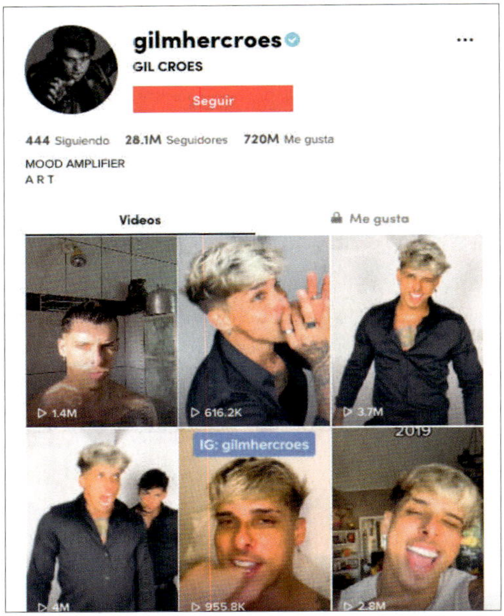

Perfil oficial de @gilmhercroes en TikTok

Este es @gilmhercroes que, según afirman muchos, cuenta con más músculos faciales que el resto de personas. Nadie comprende cómo puede hacer tantos gestos con su cara. Las portadas de sus clips son de él con diferentes gestos, desde ese momento está marcando la clara diferencia respecto a otros perfiles, que suelen poner su mejor imagen como portada.

- ❏ Ten un objetivo. Si tienes una meta dentro de la plataforma no te perderás en tu propio contenido. Este puede ser hacer reír a los demás, enseñarles trucos de cocina o ejercicios de calistenia. Un buen ejemplo de esto es @Zachking, productor y especialista en efectos especiales, que tiene muy claro cuál es su propósito: dejarnos con la boca abierta. Todos sus vídeos son clips editados con efectos especiales que consiguen desde hacer desaparecer a alguien, hasta jugar con las dimensiones de los objetos.

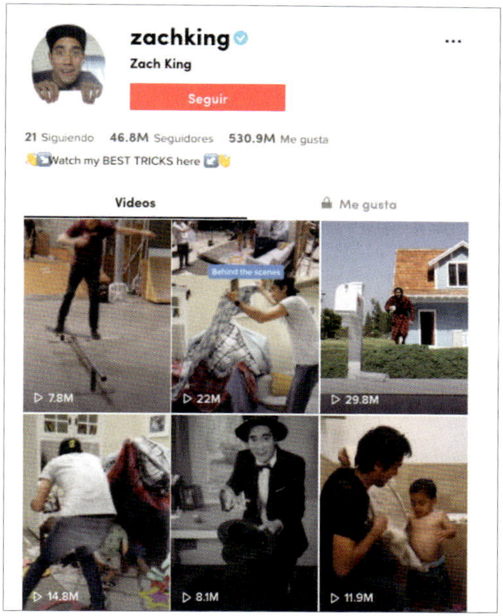

Perfil de @Zachking

- ❏ Sé único. Propón a tu audiencia algo de valor, que te haga diferente respecto a todos los demás. Ya sabemos que el contenido en TikTok es infinito, pero si consigues aportar algo que los demás no hacen puedes brillar entre la multitud.
- ❏ Conoce a tu audiencia. La importancia de tener un target establecido con el que compartir tu contenido es muy beneficioso. Ya que tras compartir varios vídeos puedes empezar a analizar a tus seguidores y saber qué les gusta y qué no. Y en función de ello, puedes dar vida a tus clips.

- Sé simple. La simplicidad no hace referencia únicamente a crear contenido básico, sino a que parezca que detrás de esa creación no hay nada que no sea natural. Como ya sabemos, el trabajo de edición es fundamental en TikTok, pero si no se nota mucho mejor. En esta red social lidera la naturalidad y la originalidad, brindemos por ello.

Ahora que ya sabemos cuáles son las claves para crear una identidad individual dentro del extenso universo de TikTok, vamos a intentar comprender cómo trabajan las marcas dentro de la plataforma.

6

PUBLICIDAD Y MARKETING EN TIKTOK

Llegar a los jóvenes cada vez es más complicado. No ven la televisión, no leen el periódico, no escuchan la radio, más allá de las emisoras musicales, y mucho menos se detienen a mirar los grandes carteles de publicidad que se encuentran en la carretera o en las paradas de autobús. Aunque el cambio ha sido forzado y algo lento, las marcas, por fin, son conscientes de que hay que conseguir llegar hasta ellos de otra manera. ¿Cómo? A través de aquello a lo que sí dedican tiempo y atención: el móvil y, sobre todo, las redes sociales.

Antes de entender cómo funciona la publicidad en las plataformas sociales, hemos de comprender que es una forma más de comunicación dentro de la estrategia de una compañía para exponer sus productos y servicios. Nada tiene que ver la definición de publicidad de hace tan solo diez años con la concepción que tenemos de la misma hoy en día. Y, quizá, el principal "culpable" de ello sea internet. La publicidad tradicional era impersonal, es decir, no pretendía que hubiera una relación directa entre emisor y receptor, mientras que ahora muchas marcas involucran a sus posibles clientes en su estrategia.

PUBLICIDAD TRADICIONAL	PUBLICIDAD ACTUAL
Masiva	Masiva + Personalizada
Pagada	Pagada + No pagada
Receptores pasivos	Receptores pasivos y activos
Trata de persuadir	Los efectos van más allá de persuadir

Gráfico original de *La evolución de la publicidad como instrumento de comunicación. Aplicación al caso de Fanta.*

Ejemplo de ello es el *street marketing* o marketing de guerrilla, que tuvo mucho éxito hace unos años, y consistía en utilizar las calles como muro publicitario. Dicho de otra manera, las marcas sacaban toda su artillería publicitaria para insertarla en la rutina diaria de las personas e impactar visualmente a su audiencia. De esta forma, durante un tiempo, era fácil encontrarse con una alcantarilla con forma de taza de café, patrocinada por la empresa de café americana *Folgers Coffee*, o unos sillones de *Ikea* en las paradas de autobús de Sidney.

Street marketing de Folgers Coffee en la ciudad de Nueva York durante el año 2017

Street marketing de Ikea en Sydney para promocionar el catálogo de 2018

En el *street marketing* todo es posible y, aunque durante un tiempo fue muy efectivo, de pronto dejó de serlo. Sin embargo, hay ciertas empresas, como la gran plataforma de vídeo bajo demanda Netflix, que siguen invirtiendo millones de dólares en acciones que impacten de manera visual a todos sus posibles clientes. Durante los últimos años, la compañía ha estado en boca de todos gracias a sus acciones publicitarias en las calles de ciudades de todo el mundo. Una de las más populares e impopulares a la vez, fue la de navidades de 2016, cuando la Puerta del Sol de Madrid se cubrió con un gran cartel para publicitar la serie *Narcos* de la plataforma. El mensaje, cuanto menos, era llamativo: "Oh, blanca Navidad."A esta publicidad, que fue muy controvertida y mal vista por parte de las instituciones, la Policía Nacional decidió dar su respuesta más original.

Imagen del anuncio real en Madrid. Chema Moya EFE.

Tweet original de la Policía Nacional en diciembre de 2016

A pesar de las críticas que tuvo que soportar la plataforma de VOD (*video on demand*), su estrategia publicitaria ha continuado por el mismo cauce hasta el día de hoy. En enero de 2020, tuvieron que eliminar el cartel que anunciaba el estreno de la segunda temporada de la serie británica *Sex education*. El mensaje era bastante explícito, a la vez que llamativo: "Querrás tragártela enterita". Ellos mismos, a través de Twitter, bromeaban con lo poco que habían durado.

Tweets originales de la cuenta de Netflix España

A finales del mes de marzo, tras varios días de cuarentena por la pandemia de la COVID-19, Reino Unido amaneció con las marquesinas llenas de *spoilers*[18] de algunas de las series y programas de la plataforma. Todo apuntaba a que Netflix había vuelto a hacer una de las suyas. Sin embargo, la plataforma se desvinculó rápido de la acción a través de Twitter. Afirmando que se trataba de un proyecto de dos estudiantes.

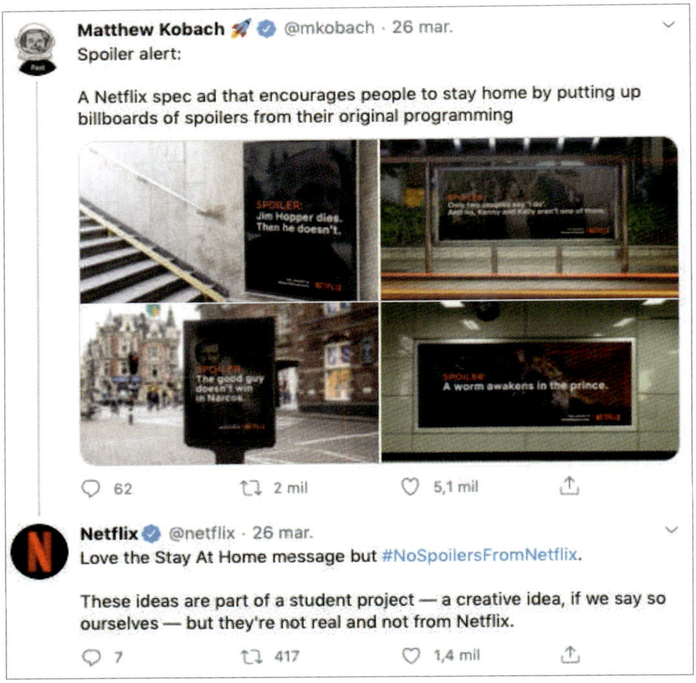

Tweets originales de marzo de 2020

Más tarde se declaró públicamente por quién había sido desarrollada la acción. Se trataba de dos estudiantes de publicidad, Seine Kongruangkit y Matithorn Prachuabmoh Chaimoungkalo, que pretendían potenciar el *Stay At Home* (Quédate en casa) propuesto por las autoridades frente a la pandemia.

18. Explicación del final, de alguna secuencia o escena de una película, serie, libro, etc. que puede resultar clave en el desenlace de la misma.

En el mes de junio, cuando por fin, se pudo volver a hacer vida más o menos normal, Netflix también volvió a salir a las calles para hacer frente a la nueva normalidad. La compañía, que había visto aumentados sus ingresos durante el confinamiento, animaba a todos sus usuarios a que dejaran de ver Netflix con el mensaje "¿Todavía sigues ahí? Pasa de Netflix".

Tweet original de Netflix España

Más allá de Netflix, que sabe cómo llegar hasta su audiencia e invierte millones de euros en conseguirlo, muchas marcas han dejado a un lado la publicidad de calle y se han pasado a las redes sociales. Ana Ruiz, experta en marketing en *The Valley*[19], señala que ha habido un

19. Escuela que imparte formación referente al sector *Digital Business* en España y Chile https://thevalley.es/

gran descenso en el alcance orgánico de los contenidos a través de plataformas sociales. Sin embargo, también apunta: "Una publicación en tu cuenta de Instagram, a pesar de tener miles de seguidores, nunca les aparecerá a todos, por lo tanto, atraer clientes de manera orgánica es complicado, pero no imposible. Si detectas el nicho de usuarios potenciales de tu producto o servicio e interactúas con ellos, es posible que acaben convirtiendo". Y continúa: "La manera fácil –pero no gratuita– está en la inversión en publicidad en redes, logrando, con poco dinero, una buena segmentación y una correcta optimización, aumentar el alcance de tus publicaciones y conseguir *leads* de alto valor y usuarios potenciales".

A pesar de que, según los expertos, el detrimento del éxito de la publicidad orgánica (no pagada) en redes sociales es una realidad, una de las estrategias de marketing más rentables de los últimos años es la que se conoce como *influencer marketing* y consiste en la colaboración directa con *influencers*. Esta acción colaborativa se basa en la potenciación y amplificación de los mensajes de la marca a través de la voz de una persona con muchos seguidores e influencia dentro de una red social. No es necesario que esta tenga millones de seguidores, sino que su audiencia corresponda a tu nicho de mercado, aunque solo se trate de unos miles de seguidores. A estas pequeñas cuentas populares se las denomina como *nanoinfluencers* y son perfiles influyentes que tienen, únicamente, entre 1.000 y 10.000 *followers*. Sin embargo, lo que les diferencia de las cuentas que suman millones de seguidores es que su audiencia es muy fiel. Por lo que el *engagement* es mucho más elevado que los de aquellos que cuentan con millones de *followers*.

Aunque esto ahora mismo nos suena a algo habitual, ya que llevamos años viendo a personas que solo se dedican a hacerse fotos promocionando algo de alguna marca, es interesante saber por qué las marcas decidieron invertir en este tipo de marketing. Cuando las empresas ya no sabían qué más hacer para llegar hasta los jóvenes nace, de pronto, el concepto de *influencer* o embajador de marca en redes sociales. Sí es cierto que muchas compañías cuentan con embajadores en televisión y en eventos, como es el caso de Telefónica y Rafael Nadal. Pero teniendo en cuenta que las nuevas generaciones no ven la televisión, resultaba muy difícil llegar hasta ellas. Así, con el nacimiento de las redes sociales, comenzaron a formarse un pequeño grupo de jóvenes guapos y guapas que por poco dinero se hacían fotos promocionando algún producto. Esta fotografía la subían a sus redes sociales y sus seguidores conocían esa marca de crema que cierta *celebrity* había empezado a utilizar y que, además, ¡daba muy buenos resultados! Sin ser conscientes de ello, ya nos estaban colando publicidad hasta donde no creíamos que pudiera estar. Con el paso del tiempo, este pequeño grupo humilde cada vez se fue haciendo más amplio y menos humilde.

Anualmente, se publican datos de los ingresos de estas estrellas sociales y, hasta el pasado año, la hija pequeña del clan Kardashian, Kylie Jenner, era la que más dinero embolsaba por cada publicación, llegando a cobrar cerca de 986.000 dolares por cada post subido en su cuenta de Instagram. Ahora también se ha unido a TikTok y ya cuenta con más de 14.2 millones de seguidores y sus vídeos tienen más de 40 millones de reproducciones de media.

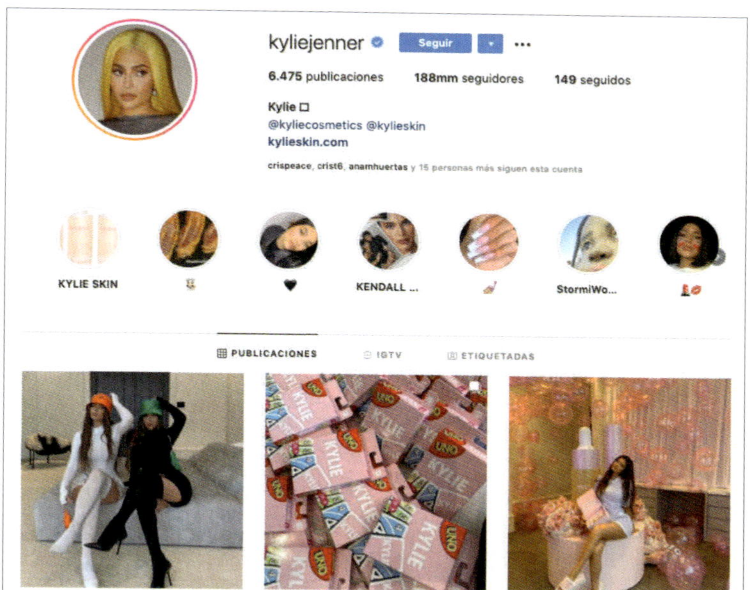

Perfil de Instagram de Kylie Jenner

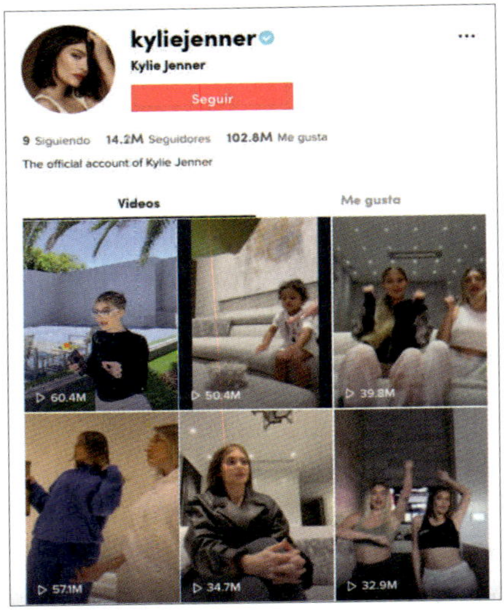

Cuenta oficial de Kylie Jenner en TikTok

Sin embargo, este año parece haberle quitado el puesto el actor Dwayne Johnson que puede llegar a cobrar 1.015.000 dólares por un solo post. Además, también supera a la empresaria en número de seguidores con un total de 192 millones.

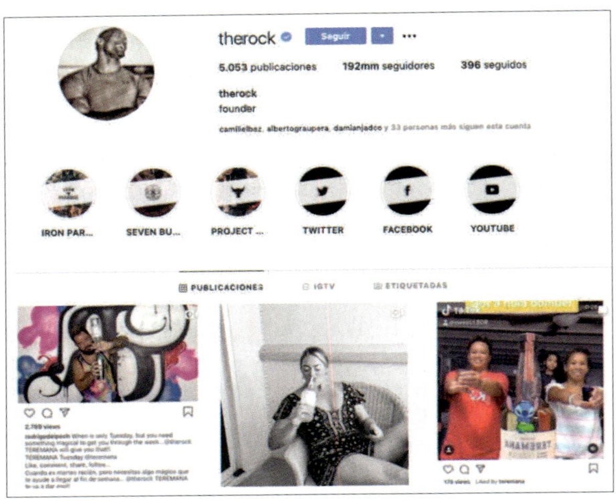

Cuenta oficial de Dwayne Johnson en Instagram

Asimismo, el 87% de ellas afirman estar satisfechos con los resultados obtenidos. Pero no solo es el número de empresas que confían en estas acciones lo que ha aumentado en los últimos años, también lo ha hecho el número de plataformas y agencias que se dedican a ello.

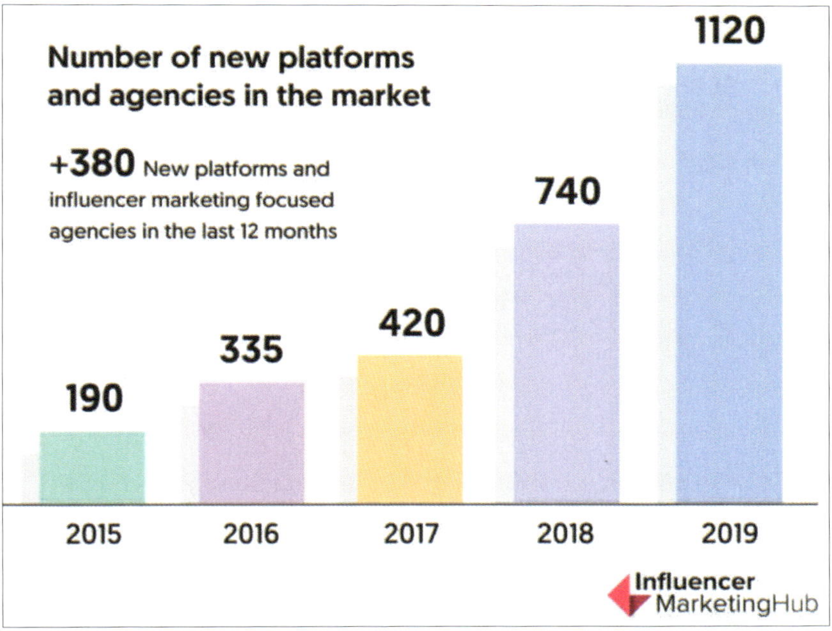

Gráfica obtenida del informe sobre Influencer Marketing benchmark realizado por Influencer Marketing Hub

Durante 2019, se sumaron 380 nuevas plataformas y agencias al mercado del *influencer marketing*, lo que indica una mayor rentabilidad de este tipo de trabajos. De esta manera, también según informe sobre Influencer Marketing benchmark realizado por Influencer Marketing Hub, se estima que este tipo de marketing crezca a un valor de 9.7 billones en 2020.

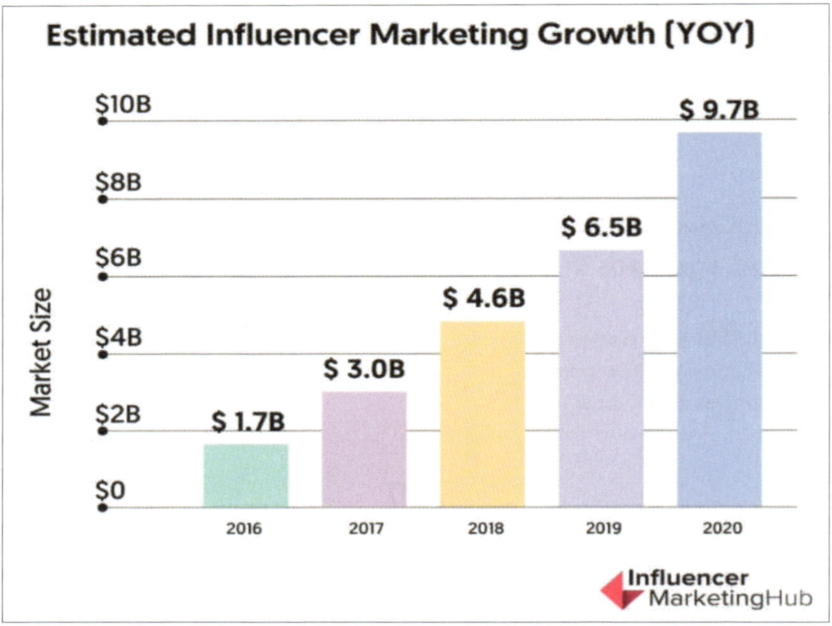

Gráfica obtenida del informe sobre Influencer Marketing benchmark realizado por Influencer Marketing Hub

Esto supone un incremento de tres billones en tan solo un año. Todo esto afecta a la inversión total que se hace en este tipo de marketing. Según Bussiness insider, las marcas gastarán unos 15 millones de dólares en este tipo de acciones publicitarias durante 2020.

¿Cómo eligen las empresas a los *influencers*?

Teniendo en cuenta que el gasto va a aumentar y que las empresas cada vez confían más en esta publicidad, ¿en qué se basan las marcas para escoger a un *influencer*? Antes de seleccionar a uno o a otro, han de tener presentes ciertas métricas como la tasa de credibilidad de la persona o la tasa de alcance real.

Tasa de CREDIBILIDAD (%)

$$\frac{\text{Tamaño real de la comunidad}}{\text{Tamaño total de la comunidad}} \times 100$$

Dato clave para confirmar que los mensajes emitidos y las publicaciones de campaña impactan sobre un público real

Tasa de ALCANCE REAL (%)

$$\frac{\text{Alcance (*)}}{\text{Tamaño total de la comunidad}} \times 100$$

Mide qué porcentaje de la comunidad de *influencers* es realmente alcanzado por la campaña.

Tasa de ENGAGEMENT (%)

$$\frac{\text{Engagements}}{\text{Alcance (*)}} \times 100$$

Mide las interacciones voluntarias de la comunidad de *influencer* con la campaña y es un indicador clave de éxito.

Tasa de VÍDEOS VISTOS COMPLETOS (%)

$$\frac{\text{Nº de vistas hasta final de vídeo}}{\text{Nº de vistas}} \times 100$$

Porcentaje de usuarios que han visto un video entero. La tasa de visionado completo es un buen indicador de la calidad del video y permite compararlo con otros videos que tenga el *influencer*.

Tasa de RETENCIÓN (%)

$$\frac{\text{Duración media del visionado}}{\text{Duración del vídeo}} \times 100$$

La duración media del visionado del video permite determinar si un mensaje ha sido percibido en función de su posición en el muro.

Tasa de PATROCINIO (%)

$$\frac{\text{Impresiones patrocinadas}}{\text{Impresiones}} \times 100$$

Impresiones generadas gracias a patrocinio en comparación con las orgánicas. El patrocinio o esponsorización permite maximizar los resultados de una campaña de marketing de *influencers* amplificando los contenidos.

Tablas extraídas del *Libro Blanco Marketing de Influencers*, noviembre 2019, iab Spain

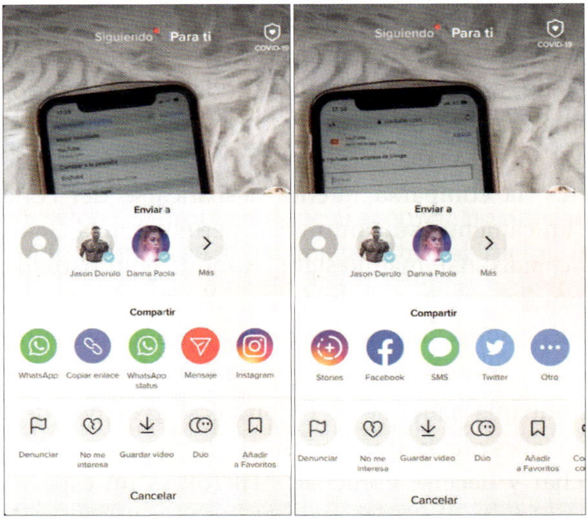

Existen muchas opciones para compartir desde la propia aplicación

- Contenido personalizado. Gracias al algoritmo del sistema de recomendaciones de TikTok, como marca no es necesario tener que buscar seguidores, sino que tu contenido llegará a los usuarios realmente interesados en tus productos o servicios. TikTok afirma: "La interfaz de usuario da prioridad al contenido de buena calidad y está optimizada para que los usuarios lo encuentren. El resultado es un aumento del tiempo que pasan en la plataforma y un elevado nivel de participación por parte de millones de personas".
- Experiencia sonora. Según los expertos, tanto los jóvenes pertenecientes a la Generación Z, como los *millennials*, son usuarios auditivos. Con esto hacen referencia a que estos usuarios se detienen mucho menos en ver o leer, que en escuchar. Verles por la calle con los *AirPods*[24] puestos es una evidencia de ello. Así, TikTok defiende que utilizar la música y los sonidos que incorporan "es la forma más directa de conectar con las emociones de tu público y retener su atención."

24. Auriculares inalámbricos de Apple

- Pantalla completa. Como un factor más de valor y diferenciación, que apuesta por la nueva publicidad, TikTok ofrece "a las marcas la oportunidad de contar su historia a pantalla completa para crear una experiencia inmersiva y sin distracciones: diversión 100 % TikTok".

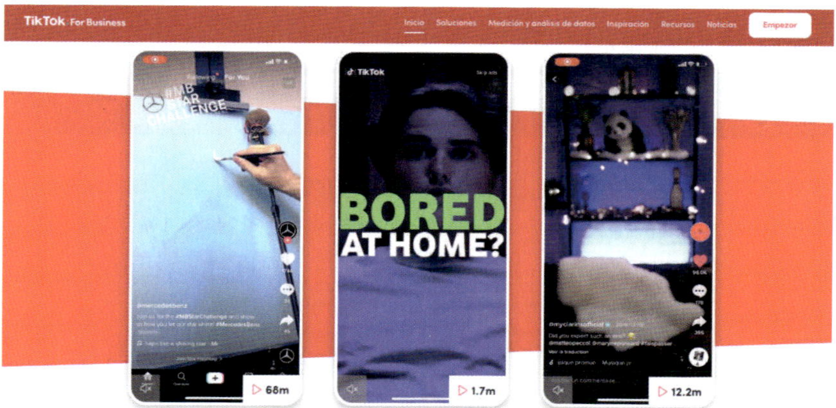

Imagen obtenida de la página web oficial
TikTok for business

Lanzamiento de campañas publicitarias dentro de TikTok

Una vez expuestas todas las claves de éxito de la publicidad en TikTok, animan a las marcas a ponerse en contacto con el equipo de colaboraciones de la compañía ofreciendo dos opciones: crear *in-feed Ads* (anuncios de adquisición) o lanzar una campaña. En ambos casos es imprescindible facilitar los datos de la empresa para comenzar el proceso. Si la marca acepta una colaboración publicitaria con la compañía tendrá acceso a lo que llaman *TikTok Ads Manager*[25], similar al centro de ayuda y

25. Centro de gestión, lanzamiento y medición de campañas de publicidad en TikTok https://ads.tiktok.com/i18n/login?redirect=https%3A%2F%2Fads.tiktok.com%2Fi18n%2F

gestión que tienen el resto de plataformas, como Facebook o Instagram. Para que las marcas no se pierdan en el lanzamiento, gestión o medición de una campaña publicitaria, TikTok ofrece un centro de ayuda enfocado únicamente a esta actividad y que recibe el nombre de *Business Help Center*[26].

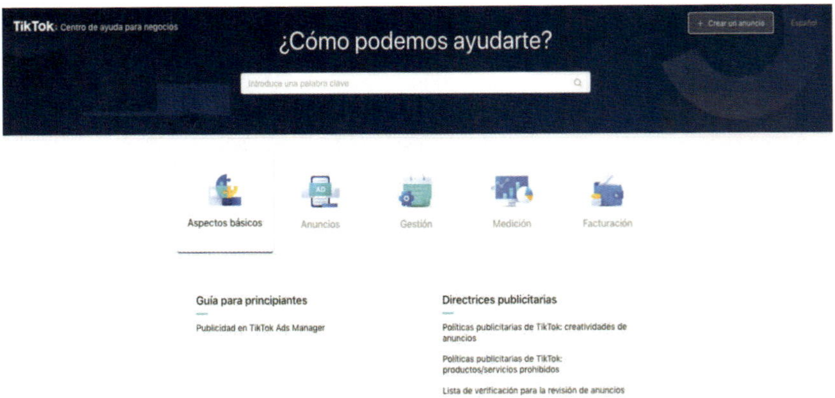

Página de inicio del Centro de ayuda para negocios

El Centro de ayuda para negocios de TikTok cubre aspectos básicos con una Guía completa para principiantes en la que se exponen todos los puntos fundamentales para empezar una acción publicitaria dentro de la red social. Los aspectos cubren desde el porqué de anunciarte en TikTok hasta las métricas y la segmentación de audiencia, entre muchos otros.

26. Centro de ayuda para negocios, dedicado al desarrollo de campañas publicitarias dentro de TikTok https://ads.tiktok.com/help/

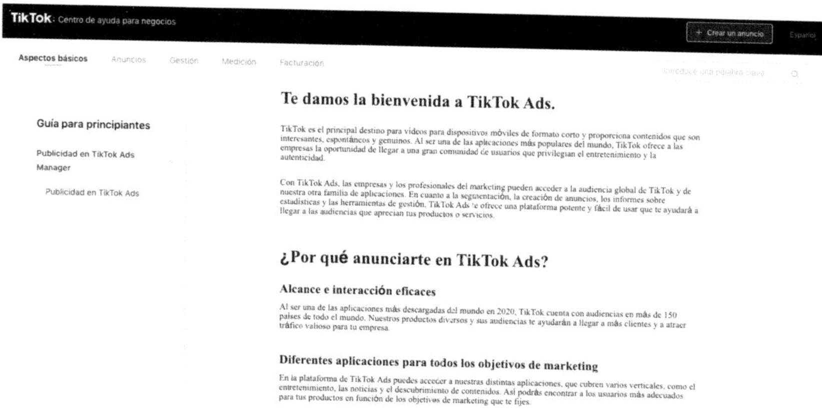

Guía para principiantes del Centro de ayuda para negocios de TikTok

Tras haber leído con detenimiento la Guía para principiantes, el siguiente paso para la marca es decidir qué tipo de acción quiere llevar a cabo dentro de la red social, ya que es posible crear un único anuncio o un grupo de anuncios. Antes de poner en marcha la acción, la compañía ha de desarrollar una estrategia de actuación y saber cuáles son los objetivos, la segmentación, la audiencia y los emplazamientos y formatos que más benefician a su campaña. Las posibilidades son infinitas, por ello, es altamente recomendable tener clara la estrategia, para, después, dejarse aconsejar por la red social, pero siempre sabiendo qué tipo de campaña se llevará a cabo. No todo vale para todas las marcas.

Guía para la elección de emplazamientos y formatos de los anuncios dentro de la red social

Tras el lanzamiento de la campaña, lo siguiente es gestionar los anuncios. En este punto es posible desde editar la configuración de los mismos, hasta hacer pruebas de optimización para mejorar los resultados.

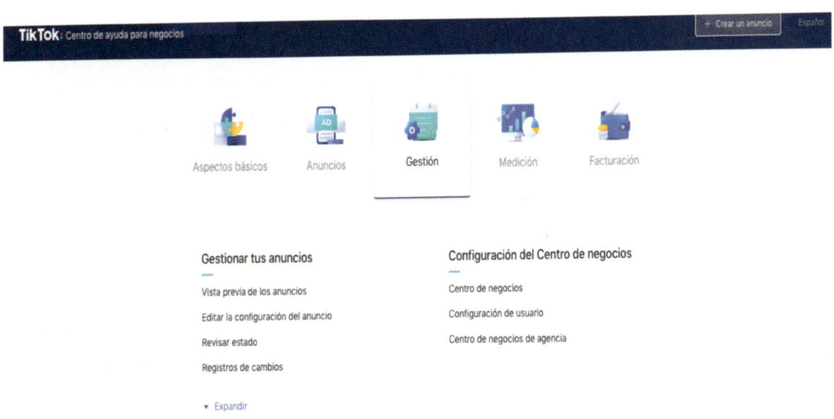

Página de inicio del Centro de ayuda para negocios - Gestión

Tanto la configuración, como la gestión de los anuncios es indispensable, pero quizá, el punto más importante de toda la campaña, sea la medición que se hace a posteriori. Con ella, la marca sabrá qué funciona y qué no. Así, teniendo las métricas sobre la mesa podrá seguir adelante con la campaña o cambiar los aspectos que considere necesarios según sus objetivos iniciales. TikTok es también consciente de que esta cuestión es la más relevante de todo el desarrollo de una campaña publicitaria y, por ello, pone a disposición de las marcas una página web específica para su explicación. "En TikTok, no nos olvidamos de ti una vez que publicas tu anuncio. Somos conscientes de lo importante que es disponer de datos precisos y claros, por eso nuestro objetivo es proporcionártelos.", afirman.

Página web dedicada a la explicación de la medición y análisis de campañas publicitarias dentro de TikTok

En ella se expone cómo mide los datos TikTok con sus herramientas propias e internas y con ayuda de las de terceros. Así, destacan tres puntos que consideran vitales para el buen análisis y medición de cualquier campaña, sea del tamaño que sea:

- Control en tiempo real. Las marcas pueden observar la evolución de sus acciones con el panel de control de análisis de TikTok. Desde este es posible ver datos como los tipos de audiencia por segmento, los anuncios de forma individual o en grupo, etc. Y todo ello se puede realizar en tiempo real.
- Control y descarga de datos. De la misma manera, señalan que todos los datos se pueden controlar y descargar en informes. En ellos se desglosan el número de impresiones, las tasas de participación, los clics totales y la tasa de conversión, entre muchos otros.
- Seguimiento de la campaña. Tal y como hace Facebook, por ejemplo, existe la posibilidad de incluir un píxel para hacer un seguimiento completo de la campaña en cualquier página. El llamado TikTok Píxel es "una herramienta digital que analiza cómo interactúan con tu anuncio y te muestra las conversiones y las acciones que hayas activado en la configuración."

Más allá de todas las herramientas internas que propone TikTok para el desarrollo y control de las campañas, es importante saber que en todo este análisis participan terceros. TikTok los llama "socios de confianza" y hay muchos diferentes dependiendo del tipo de medición:

- Marca de elevación. En esto participan Nielsen Holdings[27], el conglomerado de medios neerlandés-estadounidense, y Millward Brown[28], conocida en España como Kantar. Esta se dedica a diversas disciplinas de investigación como el monitoreo de redes sociales, efectividad publicitaria o comportamiento de consumidores. La marca de elevación hace referencia a: "saber el efecto que tiene tu marca en la audiencia. Con nuestros estudios de *brand lift* puedes analizar si la campaña ha conseguido crear el valor que esperabas en el momento adecuado", según confirma TikTok.
- Atribución. "Utiliza una de las herramientas de terceros que ofrecemos para entender de dónde vienen las conversiones,

27. Página web oficial de Nielsen Holdings https://www.nielsen.com/es/es/
28. Página web oficial de Kantar Millward Brown
http://www.millwardbrown.com/subsites/spain/home

por ejemplo, descargas de tu aplicación o el tráfico de clientes en tu tienda, y cómo conseguir más." Donde participan empresas como AppsFlyer[29], plataforma de análisis y atribución de marketing móvil SaaS, y Kochava[30], que cumple con el mismo cometido que la anterior.

- Visibilidad y seguimiento de las impresiones. "Te podemos asegurar que los usuarios están viendo tu anuncio. Si quieres saber cuántas veces ha aparecido y se ha reproducido en las pantallas de TikTok, puedes comprobar la tasa de visibilidad exacta basada en datos fiables", declara la compañía. En este proceso participan tres empresas externas. La primera es el propio Google y su herramienta DoubleClick[31], dedicada específicamente a anunciantes y que sirve como *ad management* o centro de gestión de las campañas. Le sigue Sizmek[32], un *ad server*, servidor de anuncios, propiedad de Amazon que ofrece toda la ayuda necesaria a los anunciantes para la creación, análisis y seguimiento de las acciones publicitarias. Por último, también forma parte de esto, la empresa Flashtalking[33], un *ad server* independiente que tiene el mismo cometido que las dos anteriores.

Con todas estas herramientas, TikTok asegura ofrecer una medición 360º que nada tiene que envidiar a lo que han propuesto, hasta ahora, el resto de redes sociales.

Casos de éxito en TikTok

Una gran parte de los expertos en marketing digital recomiendan constantemente a las marcas que creen vídeos. Este tipo de contenido es el que más está creciendo en los últimos años, no solo en las redes sociales, sino en todo el compendio de internet. Ni siquiera es necesario que los vídeos tengan un sonido bien editado, basta con que parezca natural. Un magnífico ejemplo de esto son los vídeos de ASMR (*Autonomous*

29. Página web oficial de AppsFlyer https://www.appsflyer.com/sp/
30. Página web oficial de Kochava https://www.kochava.com/
31. Página web oficial de DoubleClick de Google https://www.google.com/dfa/trafficking/unauthorized/
32. Página web oficial de Sizmek https://www.sizmek.com/
33. Página web oficial de Flashtalking https://www.flashtalking.com/

Sensory Meridian Response o, en castellano, Respuesta Sensorial Meridiana Autónoma), que consisten, precisamente, en grabar clips en los que se realizan diferentes sonidos rutinarios y nada más. Esta tendencia empezó con vídeos que ayudaban a la gente a dormir a través de diferentes sonidos relajantes. Estos vídeos se podían encontrar, mayoritariamente, en Youtube. La pionera española fue Ana Muñoz, que tiene un canal en esta red social con más de 1.2 millones de suscriptores.

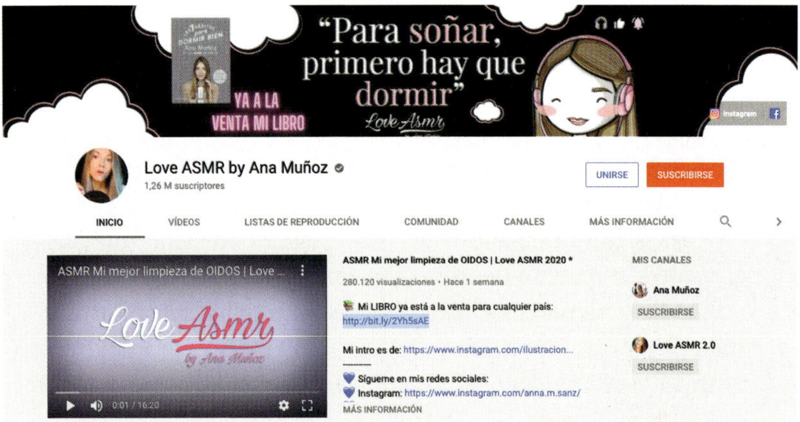

Canal de Youtube de Ana Muñoz, pionera en España en ASMR

Sus clips suman desde 160.000 visualizaciones hasta un millón y es posible encontrar vídeos con sonidos para dormir, otros con susurros y ruidos que hacen botes de crema al abrirse y cerrarse o con el sonido de las uñas dando golpecitos sobre una superficie. Las temáticas son interminables y la audiencia cada día es mayor. A principios de 2020 el ASMR traspasó las fronteras de Youtube y se colocó en otros espacios, cuanto menos sorprendentes, entre ellos Disney+, que lanzó una serie de cortometrajes dedicados al ASMR a través de escenas de sus películas y que se llama 'Animazén'. El propio Disney+ lo describe como: "Desconecta, relájate y descansa los sentidos para un momento de meditación con 'Animazén' de Walt Disney Animation Studios, una experiencia de paisaje sonoro animado. Ya sea la bebé Vaiana sintiendo la llamada del mar, Anna y Kristoff caminando por un bosque helado, o Baymax y Hiro Hamada volando sobre San Fransokyo, estas escenas icónicas se convierten en una experiencia auditiva incomparable". Así, lanzaron una seria compuesta por un total de diez capítulos de no más de diez minutos cada uno y con una temática diferente desde "agua" hasta "naturaleza" o "serenidad".

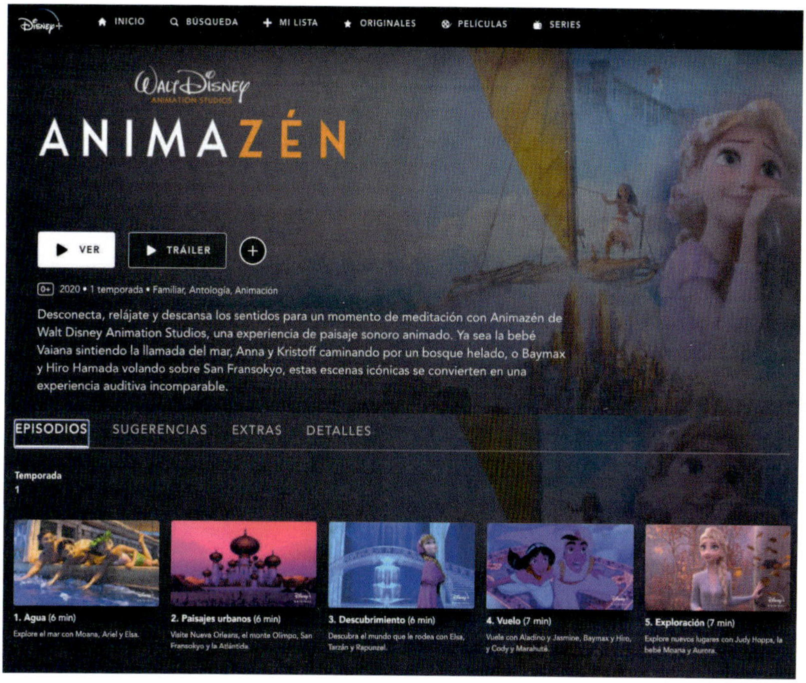

Portada de la serie 'Animazén' de Disney+

Cabe pensar que si hasta Disney+ se ha unido a esta tendencia es que el éxito está asegurado. De este modo y, aunque el estudio de Walt Disney no sea el mejor ejemplo para hablar de poca post-producción, se hace notar que no es necesario contar con un equipo de sonido muy potente, ni con una edición brillante del mismo, para triunfar y llegar hasta la audiencia de una manera diferente y cercana. Pues el ASMR, simplemente, consiste en eso, en grabar sonidos rutinarios cerca de un micrófono. Este fenómeno también invade TikTok con más de 39 billones de reproducciones en vídeos con el *hashtag* #asmr

#ASMR en TikTok

Así, basándose en casos como este, los expertos animan a las marcas a potenciar mucho más la creación de vídeos en sus estrategias de marketing, sobre todo si su nicho de mercado se sitúa por debajo de los 30 años de edad. Algunas compañías ya se han puesto manos a la obra y los resultados son, verdaderamente, buenos. Como se mencionaba al principio de este capítulo, muchas empresas tienen presencia en Facebook o Instagram, pero la gran mayoría no tiene en consideración a TikTok cuando elabora su estrategia. En ocasiones, la elección está justificada, pues hay marcas que no tienen cabida en esta red social, dada su especialidad dentro del mercado o porque su audiencia no se encuentra en esta app. Sin embargo, todas aquellas que necesiten llegar hasta un público más joven y no estén en esta plataforma, se podría decir que están perdiendo dinero.

La liga de baloncesto americana, la NBA (*National Basketball Association*), es una de esas marcas que sí forman parte activamente de la red social. La cuenta tiene 11.5 millones de seguidores y sus vídeos no se limitan a reproducir jugadas de baloncesto, sino que intentan traspasar las líneas y hacer sentir parte del juego al usuario que los ve. Así, el humor, la cotidianidad y, por supuesto, el baloncesto son los tres rasgos más característicos de este perfil.

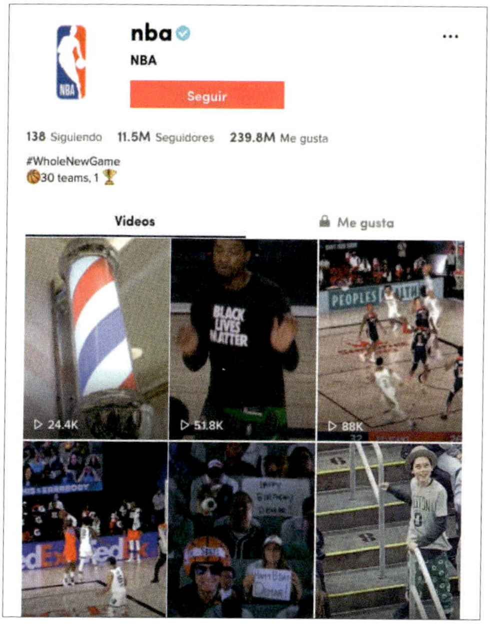

La cuenta oficial de la NBA cuenta con 11.5 millones de seguidores. Cualquier usuario puede disfrutar de las últimas grandes jugadas de sus equipos favoritos, entrevistas y momentos memorables de la liga americana de básquet.

Vídeos del perfil oficial de la NBA

Otro caso de éxito dentro del universo TikTok es el de la marca de bebida energética Red Bull. Siempre abanderada por su lema Red Bull te da alas, en inglés #GivesYouWings, la compañía comparte vídeos relacionados con deportes de extremo de los que son patrocinadores. La marca tiene diferentes cuentas divididas por países o temáticas.

En cada una tiene un número de seguidores distinto, lo cual depende siempre de la popularidad que tiene la marca en dicho país o en la temática concreta. En la cuenta oficial global @redbull suman más

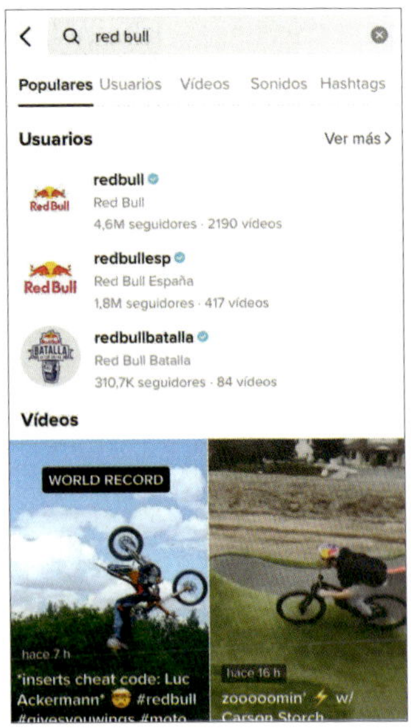

Cuentas oficiales de Red Bulll

de cuatro millones y medio de seguidores y muchos de sus vídeos incluyen una advertencia en la parte inferior de la pantalla: “La acción que aparece en este vídeo podría causar lesiones graves.”

Vídeos originales de la cuenta @redbull

Un caso que cabe la pena remarcar es el del periódico americano *The Washington Post*, que, a pesar de pertenecer al sector de la prensa cada vez más en detrimento, ha conseguido hacerse un gran hueco dentro de la red social. Cuenta con más de 573.000 *followers* y casi 25 millones de *likes*. Su contenido es referente a la actualidad, con un toque de humor.

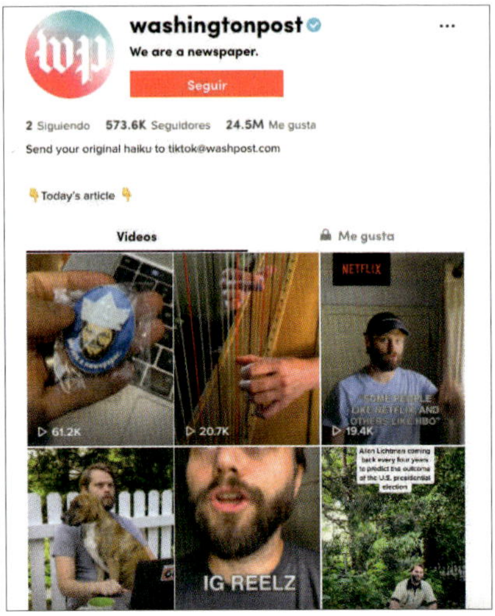

Cuenta oficial de The Washington Post en TikTok

En España, uno de los perfiles con más éxito dentro del mundo de los no individuales es el del equipo de fútbol FC Barcelona. Su popularidad despegó durante el confinamiento, ya que se unieron a muchos *challenges* como el #10toqueschallenge

La cuenta supera en seguidores y *likes* a la de Red Bull, con casi cinco millones de *followers* y más de 41 millones de me gusta. Todos estos ejemplos demuestran que si la marca tiene un buen conocimiento sobre su audiencia puede ser capaz de llegar hasta ella a través de cortos breves. Si como empresa eres sabedora de que a tu nicho de mercado le gusta ver vídeos con el "resumen de la jornada" entrégales clips cortos que reúnan las mejores jugadas del partido, por ejemplo.

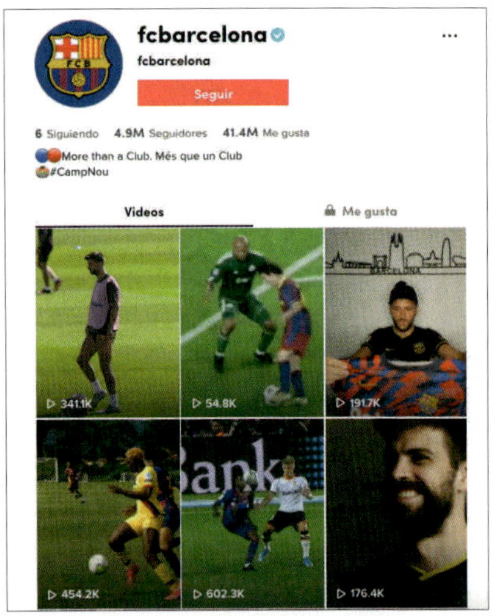

Cuenta oficial del FC Barcelona

O si tus seguidores son amantes de los deportes de riesgo, no dejes de darles la posibilidad de ver a los mejores acróbatas sobre ruedas, tal y como hace Red Bull. Si la marca le da al usuario lo que le gusta, el éxito estará garantizado.

7

PRIVACIDAD Y SEGURIDAD

"La misión de TikTok consiste en inmortalizar y mostrar al mundo la creatividad, los conocimientos y los momentos importantes de la vida de nuestros usuarios. Al ser una comunidad global que fomenta la creatividad y la expresión, es importante que nuestros usuarios se sientan seguros y cómodos. Nuestras políticas y herramientas están desarrolladas para promover un entorno positivo y seguro para nuestra comunidad, y confiamos en que los usuarios respeten y utilicen estas medidas para que TikTok sea un lugar divertido y acogedor para todos."[34] Esta declaración es lo primero con lo que nos encontramos al abrir el llamado Centro de Seguridad de la red social.

A pesar de estas palabras, la privacidad y la seguridad de la red social han sido dos temas que han dado mucho que hablar en los últimos meses y no siempre ha sido para bien. De hecho, países como Estados Unidos, uno de los mayores consumidores de la plataforma social, ya lleva tiempo alertando a sus usuarios de que el uso de la app puede resultar inseguro, tanto respecto a su información personal, como en lo que al contenido que comparten con otras personas se refiere, aun haciéndolo de manera privada. Así, titulares como "Is TikTok Seriously Dangerous—Do You Need To Delete It?" ("¿Es realmente TikTok peligroso? ¿Tienes que eliminarlo?")[35] de la revista *Forbes*, un referente a nivel global, ponían en guardia a muchos usuarios. Aun con estas alertas, TikTok no ha perdido usuarios, sino que ha seguido creciendo y ganando popularidad, sobre todo, entre los más jóvenes.

34. Apartado de Centro de seguridad dentro de la página web oficial de TikTok https://www.tiktok.com/safety?lang=es
35. Artículo completo https://www.forbes.com/sites/zakdoffman/2020/07/11/tiktok-seriously-dangerous-warning-delete-app-trump-ban/#:~:text=When%20TikTok%20is%20described%20as,and%20social%20control%20and%20disinformation

A principios del mes de julio de 2020, varios países, entre los que destacan Estados Unidos y Hong Kong, dos de los grandes consumidores activos de la plataforma, daban comienzo a una batalla tecnológica con China. El motivo fue la seguridad y privacidad de la red social. El origen fue cuando India, el mercado con mayor número de usuarios registrados en la aplicación, la prohibió a principios de verano del 2020. Según afirmó el gobierno indio, TikTok y casi 60 aplicaciones más desarrolladas por China fueron prohibidas por la amenaza que suponían para "la seguridad nacional y la defensa de India, lo que en última instancia afecta a la soberanía e integridad de India". Esta era la primera vez que India vetaba una gran cantidad de aplicaciones extranjeras con un solo decreto, siendo algunas de ellas Shareit, una app similar a WeTransfer, y Kwai, una red social para compartir vídeos.

1. TikTok
2. Shareit
3. Kwai
4. UC Browser
5. Baidu map
6. Shein
7. Clash of Kings
8. DU battery saver
9. Helo
10. Likee
11. YouCam makeup
12. Mi Community
13. CM Browers
14. Virus Cleaner
15. APUS Browser
16. ROMWE
17. Club Factory
18. Newsdog
19. Beutry Plus
20. WeChat
21. UC News
22. QQ Mail
23. Weibo
24. Xender
25. QQ Music
26. QQ Newsfeed
27. Bigo Live
28. SelfieCity
29. Mail Master
30. Parallel Space
31. Mi Video Call – Xiaomi
32. WeSync
33. ES File Explorer
34. Viva Video – QU Video Inc
35. Meitu
36. Vigo Video
37. New Video Status
38. DU Recorder
39. Vault- Hide
40. Cache Cleaner DU App studio
41. DU Cleaner
42. DU Browser
43. Hago Play With New Friends
44. Cam Scanner
45. Clean Master – Cheetah Mobile
46. Wonder Camera
47. Photo Wonder
48. QQ Player
49. We Meet
50. Sweet Selfie
51. Baidu Translate
52. Vmate
53. QQ International
54. QQ Security Center
55. QQ Launcher
56. U Video
57. V fly Status Video
58. Mobile Legends
59. DU Privacy

Lista completa de aplicaciones vetadas
por parte de India a principios de verano de 2020

Esta decisión por parte del gobierno indio afectó a uno de cada tres usuarios de Smartphone en todo el país, ya que 27 de las 59 aplicaciones vetadas están en el ranking de las más descargadas en este mercado. La resolución gubernamental no quedó clara cuando se hizo pública y, así, TikTok anunciaba en Twitter el 30 de junio que estaban en conversaciones con el propio gobierno para intentar resolver la situación.

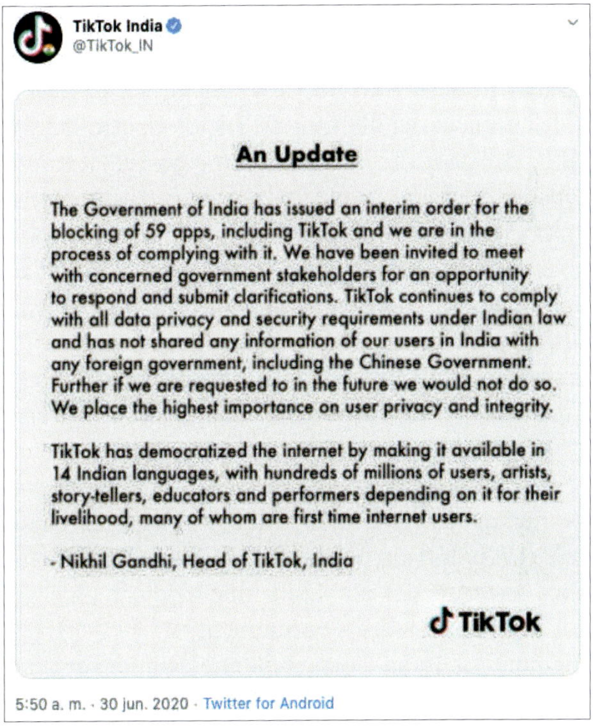
TikTok India
@TikTok_IN

An Update

The Government of India has issued an interim order for the blocking of 59 apps, including TikTok and we are in the process of complying with it. We have been invited to meet with concerned government stakeholders for an opportunity to respond and submit clarifications. TikTok continues to comply with all data privacy and security requirements under Indian law and has not shared any information of our users in India with any foreign government, including the Chinese Government. Further if we are requested to in the future we would not do so. We place the highest importance on user privacy and integrity.

TikTok has democratized the internet by making it available in 14 Indian languages, with hundreds of millions of users, artists, story-tellers, educators and performers depending on it for their livelihood, many of whom are first time internet users.

- Nikhil Gandhi, Head of TikTok, India

TikTok

5:50 a. m. · 30 jun. 2020 · Twitter for Android

Tweet publicado por la cuenta oficial de TikTok India

"El gobierno de India ha determinado bloquear 59 apps, incluida TikTok y ya hemos iniciado el proceso de queja. Hemos sido invitados a una reunión con los líderes del gobierno para intentar aclarar la situación. TikTok continúa cumpliendo con todos los requerimientos de seguridad y privacidad correspondientes a las leyes de India y no ha compartido información de los usuarios indios con ningún gobierno extranjero, incluido el gobierno chino. Y aunque esto fuera requerido en un futuro no lo haríamos. Priorizamos la privacidad e integridad de nuestros usuarios, ante todo. TikTok ha democratizado internet traduciendo la app a 14 lenguas distintas de India y haciéndola llegar a millones de usuarios, artistas, educadores y personas que dependen de la app para su propio sustento. Además, conseguimos que muchos usuarios se iniciaran en Internet por primera vez. - Nikhill Gandhi, Jefe de TikTok en India."

A pesar del anuncio del bloqueo de TikTok dentro del país, este no ha presentado públicamente informes o pruebas que demuestren que la app esté cometiendo prácticas indebidas, como el espionaje a sus usuarios o compartición externa de información. Por lo que todo apunta a que el motivo no tiene que ver únicamente con la privacidad y seguridad de la aplicación, sino que va mucho más allá, ya que ambos países, China e India, están inmersos desde hace años en un conflicto geopolítico muy grave. El último choque entre las dos grandes potencias tuvo lugar a mediados de junio, cuando una disputa fronteriza en el Himalaya se resolvió con un enfrentamiento que causó consecuencias mortales.[36] Tanto China como India son países con un gran poder nuclear y su poder económico es gigante, pero India se ha dado cuenta de que, ahora mismo, el mayor daño puede hacerlo a través de las redes sociales y aplicaciones desarrolladas por China que destacan en el país, ya que le garantizan muchos beneficios económicos.

Tras el anuncio de India, llegó el de otras grandes potencias, como Estados Unidos, Hong Kong o Australia. La Región Administrativa Especial de Hong Kong declaraba el bloqueo de la app a principios del mes de julio. Las razones fueron dos, principalmente: la oleada de movimientos para controlar a la población y la promulgación de una nueva ley de seguridad nacional dentro de la región. Más allá de los motivos geopolíticos, algunos analistas hicieron un estudio completo de la app a través de ingeniería inversa –un proceso por el que se selecciona un objeto por separado de manera única para ver cómo funciona y, así,

36. Noticia completa en el periódico norteamericano The Wall Street Journal https://www.wsj.com/articles/spiked-clubs-and-fists-at-14-000-feet-the-deadly-india-china-clash-11592418242

mejorarlo- y concluyeron que "TikTok es un servicio de recolección de datos disfrazado de red social". Esto puso de manifiesto el problema que suponía el uso de la app, así, se añadía: "la aplicación viola la ley de varias formas mientras explota los datos de sus usuarios, principalmente adolescentes". El debate contagió a Estados Unidos y su Secretario de Estado, Mike Pompeo, indicaba que el país estaba contemplando la opción de prohibir tanto TikTok como otras apps chinas. Aunque ahora el foco esté en TikTok, la tensión comercial entre EE. UU. y China se originó hace ya un tiempo, cuando el primero vetó a la marca tecnológica Huawei, que se hizo oficial en agosto de 2020.[37]

Tweet publicado en la cuenta oficial del medio norteamericano *The Washington Post* a raíz del veto efectivo de Estados Unidos a Huawei.

37. Noticia completa en *La Vanguardia* https://www.lavanguardia.com/tecnologia/20200817/482871895482/estados-unidos-efectua-veto-huawei.html

La decisión estadounidense arrastró a otros grandes mercados como el británico y el francés que también bloquearon a la compañía tecnológica multinacional china.[38] Después de haber logrado el veto a Huawei, Donald Trump comenzó la batalla contra TikTok, el otro punto fuerte chino dentro del país americano. Así, a principios del mes de agosto de 2020, el presidente norteamericano firmaba dos órdenes ejecutivas que prohibían a todos los residentes del país hacer negocios con TikTok o WeChat (la aplicación china de mensajería instantánea). Según declaraba el propio Donald Trump: "Para proteger nuestra nación, tomé medidas para hacer frente a la amenaza planteada por una aplicación móvil, TikTok. Medidas ulteriores son necesarias para hacer frente a una amenaza similar".

A principios de agosto de 2020, el periódico inglés *The Economist* publicaba un artículo donde explicaba detalladamente qué inversión y qué compras ha hecho en los últimos once años cada una de las grandes compañías tecnológicas globales, como Amazon o Facebook. Tal y como especifican en la siguiente tabla, las líderes en el universo tecnológico actual, han gastado miles de millones de dólares en adquirir empresas más pequeñas durante los últimos años, siendo Microsoft la más hambrienta de todas.

A pesar de los constantes intentos de los diferentes gobiernos enemigos de China, como India o Estados Unidos, de bloquear la red social en sus territorios, solo hay una pregunta que debemos responder: ¿Es TikTok realmente peligroso?

38. Noticia completa del veto a Huawei por parte de otros países en la página web de la agencia Reuters https://mobile.reuters.com/article/amp/idUSKCN24N26R?__twitter_impression=true

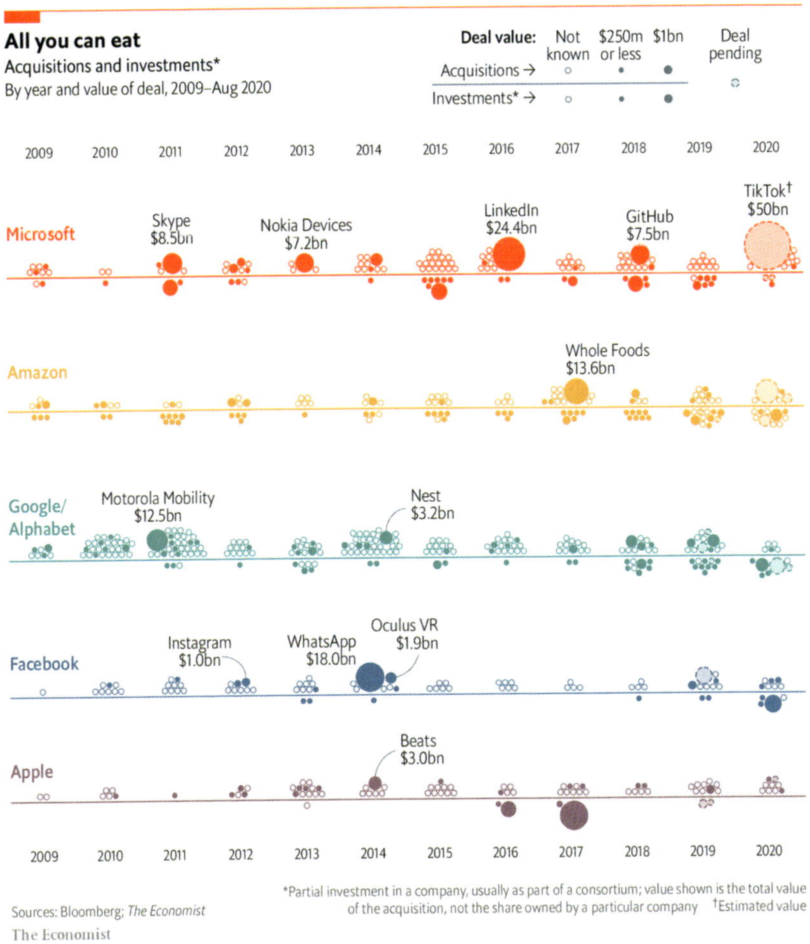

Tabla extraída del diario inglés *The Economist* que refleja la inversión y gasto de las grandes tecnológicas desde el 2009 hasta 2020.

Seguridad y privacidad dentro de TikTok

Uno de los principales detonantes de la falta de confianza hacia la red social fue la relación que mantiene la compañía propietaria, ByteDance, con el gobierno chino. A partir del descubrimiento de este vínculo, muchos países, que mantienen una tensión evidente con China, se pusieron en guardia, entre ellos Estados Unidos e India. Una vez puestos en alerta, estos países comenzaron a realizar investigaciones para destapar la verdadera cara de TikTok. Así, empresas del área de seguridad hacían declaraciones como: "Todo apunta a que la información que se almacena en esta red social pueda estar siendo monitorizada y estudiada por algún servicio de inteligencia o de espionaje relacionado con el país asiático, con algún fin geoestratégico", señalaba Hervé Lambert, Global Consumer Operations Manager de Panda Security. A pesar de todas las investigaciones realizadas, muchas de ellas siguen en marcha, no ha sido posible sacar a la luz evidencias que revelen que TikTok supone un peligro para la seguridad y privacidad de los usuarios.

Sin embargo, y aunque la compañía nunca ha aceptado que suponga ningún tipo de riesgo para sus seguidores, la red social ha confirmado que a partir de algunas de las últimas actualizaciones es posible que se hayan parcheado múltiples vulnerabilidades que permiten el acceso a las cuentas, vídeos e información sensible de los usuarios. No obstante, ByteDance negó todo conocimiento acerca de esta brecha y acusó a un supuesto *hacker* de haber tomado el control de las cuentas y, así, manipular el contenido, subir y borrar contenido y desvelar datos personales como la dirección de correo electrónico. Más allá de que el fallo haya sido cometido por parte de la app, como por las manos de un hacker, el problema se origina al abrir un nuevo perfil, pues solo con esa acción ya abrimos las puertas de nuestra privacidad a una app externa. Sin darnos cuenta, o aceptándolo porque no nos queda otra, cuando accedemos a TikTok por primera vez le facilitamos accesos a ciertos puntos vulnerables de nuestros dispositivos como la cámara, la localización o el micrófono.

Infografía realizada por Proofpoint que refleja a qué tiene acceso TikTok cuando un usuario se abre una cuenta. Está incluida en el artículo '¿Tiene TikTok un lado oscuro? Los problemas de seguridad de la app ponen en guardia a EEUU' de byzness.elPeriódico.com

Dicho de otra manera, cuando nos abrimos una cuenta en TikTok le facilitamos el acceso a, prácticamente, todo. Cuando los usuarios comenzaron a ser conscientes de esto, sumado a que grandes potencias pusieron el foco en la aplicación, TikTok lanzó su primer informe de transparencia[39] para declarar su intención de facilitar *insights* de manera más regular. Dentro de este reporte era posible encontrar declaraciones como: "No hay nada más importante para nosotros que proteger la seguridad de nuestros usuarios. Como plataforma de alcance mundial, contamos con un equipo de miles de personas que trabajan en todos los mercados donde opera TikTok para garantizar que el ambiente de la aplicación sea seguro y esté protegido. Abordamos los comportamientos y contenidos problemáticos a través de una combinación de políticas, tecnología y moderación, que también incluye medidas de eliminación de vídeos y de bloqueo de cuentas por incumplimiento de las Normas de la comunidad o nuestros Términos de servicio".

Cabe destacar que por muy insegura que pueda llegar a ser la red social, siempre hay formas de hacerla más segura. Así lo contemplaban en uno de los puntos del reporte: "TikTok ofrece una amplia gama de ajustes de privacidad que los usuarios pueden activar durante la configuración de la cuenta, o en cualquier otro momento. Con una cuenta privada, solo los seguidores autorizados pueden ver o comentar los vídeos de un usuario o enviarle un mensaje directo. La mensajería también puede restringirse o desactivarse por completo fácilmente, y esta función está deshabilitada por defecto en las cuentas registradas a nombre de menores de 16 años. Además, los usuarios pueden eliminar a un seguidor o bloquear a un usuario con quien no quieran tener contacto". Por lo tanto, igual que en otras muchas aplicaciones, es posible activar y desactivar ciertas opciones para que la experiencia digital sea mucho más segura.

Cómo protegerse en TikTok

A principios del año 2019, la plataforma de vídeos cortos se vio obligada a pagar una multa de 5,7 millones de dólares tras ser acusada por la Comisión Federal de Comercio de los Estados Unidos (FTC). El motivo de la denuncia fue la violación de la ley de privacidad de los niños tras recopilar y monitorizar de manera ilegal información personal de menores de 13 años sin el consentimiento y conocimiento de sus padres. Una vez concluida la resolución, TikTok implementó cambios para los usuarios menores y diseñó una experiencia diferenciada para niños y

39. Primer Informe de transparencia de TikTok completo en español https://www.tiktok.com/safety/resources/transparency-report

adultos. De esta forma, añadió cortafuegos de seguridad especiales para los usuarios más vulnerables, los menores. Entre estas nuevas medidas, se encontraba, por ejemplo, la imposibilidad de que los menores de 13 años pudieran compartir sus vídeos, comentar los de otros perfiles o enviarse mensajes privados con otros usuarios. Todo esto lo exponen tanto en un apartado de privacidad, como en las *guidelines* de seguridad de la app: "TikTok no está dirigido a niños menores de 13 años. Si usted cree que tenemos datos personales sobre un niño menor de esa edad o recopilados de un niño menor de esa edad, por favor, póngase en contacto con nosotros en privacy@tiktok.com."[40] Asimismo, y de manera más extensa y detallada, lo especifican en sus *guidelines* de Normas de seguridad.[41]

Pero tanto si eres un usuario habitual de la red social, como si eres padre o madre de algún menor que tiene abierta una cuenta, te interesará saber qué puedes hacer para que el bienestar digital propio o de tus hijos sea una realidad. Antes de nada, hay que ser consciente de que en cuanto se abre un perfil en la aplicación le estaremos dando todos los permisos habidos y por haber. A veces nos dará igual que así sea, pero si, por el contrario, preferimos limitar el libre acceso a nuestra información, has de saber que sí es posible. Lo primero que debes hacer es entrar en tu perfil y pinchar sobre los tres puntos horizontales que se encuentran en la esquina superior derecha. De esta manera, se abrirá un menú para acceder a los 'Ajustes de Privacidad y Seguridad'.

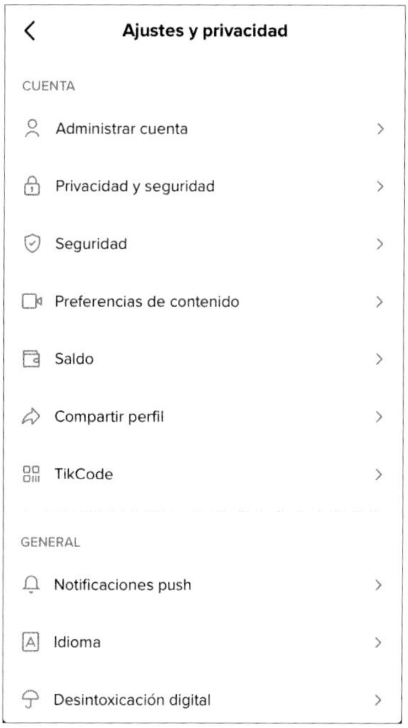

Si pinchamos sobre 'Privacidad y Seguridad' se abre otra pantalla dedica-

40. Declaración expresa de su política de privacidad, punto número 9. La información relacionada con niños https://www.tiktok.com/legal/privacy-policy?lang=es

41. *Guidelines* de Normas de seguridad de TikTok https://www.tiktok.com/community-guidelines?lang=es

da única y exclusivamente a los ajustes que se pueden hacer para conseguir una cuenta mucho más segura.En esta pantalla es posible ajustarlo casi todo, decimos casi porque hay más opciones en otras pantallas que hacen que la seguridad y la privacidad sea aún mayor. Esta se divide en tres partes: 'Visibilidad', 'Personalización y datos' y 'Seguridad'. En el primer punto, 'Visibilidad', aparecen dos opciones: hacer o no la cuenta privada y que la red social pueda o no recomendar tu cuenta a otros usuarios. La manera de lograr mayor seguridad es activar la primera, es decir, hacer tu cuenta privada y desactivar la segunda, para que nadie que tú no desees pueda ver recomendado tu perfil.

En 'Personalización y datos' se nos descubren otros dos botones. El primero, que recibe el mismo nombre, nos abre una pantalla nueva donde es posible configurar a medida la publicidad dentro de la app.

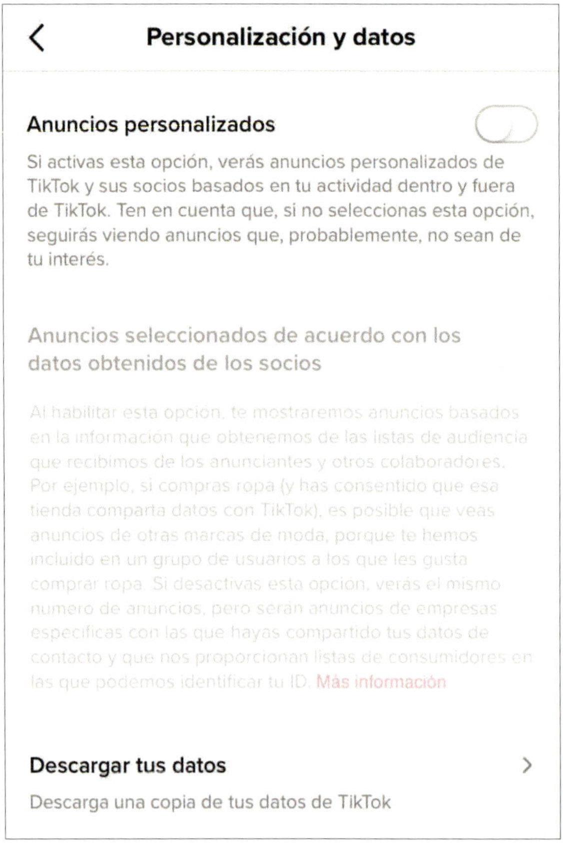

Activando la opción 'Anuncios personalizados', en vez de ver publicidad aleatoria, empezarías a ver anuncios que te interesen de verdad. Pero, ¿cómo es esto posible? TikTok lo explica justo debajo, aunque en letra con un color mucho más atenuado, que resulta complicado leer. Si hacemos click sobre 'Más información', se abre otra nueva pantalla donde se especifica qué anunciantes han realizado alguna actividad con nuestros datos.

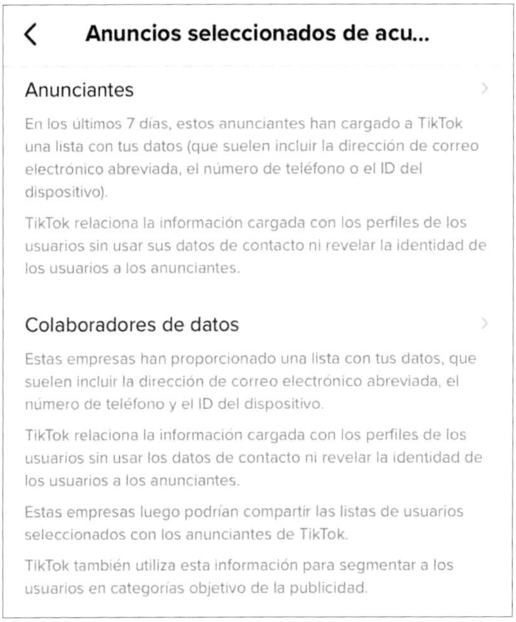

Y al pinchar sobre 'Anunciantes' es posible descubrir cuáles han sido los que han cargado tus datos dentro de la aplicación. De este modo, queda reflejado que más allá de los accesos publicitarios que le facilitemos a TikTok, hay que tener precaución con otras aplicaciones, que pueden ofrecer nuestros datos a aplicaciones terceras. Dentro de la red social, si mantenemos desactivada la opción 'Anuncios personalizados' no cabe la posibilidad de que la app utilice tus datos personales para la exposición de anuncios customizados, aunque sí seguirás viendo anuncios aleatorios. Además, es importante desactivar del menú inicial la opción 'Autorización de publicidad', pues si la activamos estamos permitiendo a los anunciantes externos que utilicen nuestros vídeos en sus anuncios.

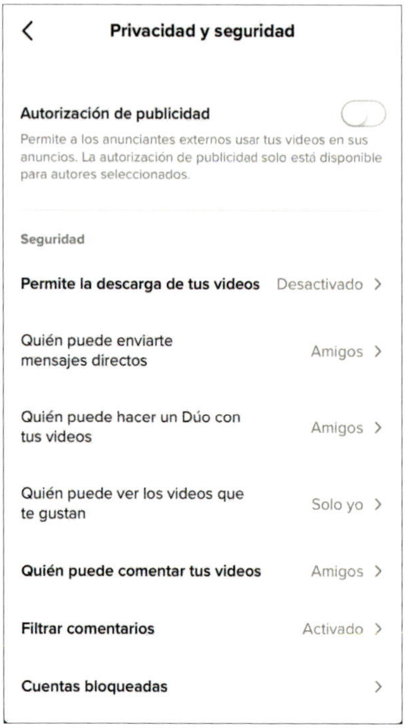

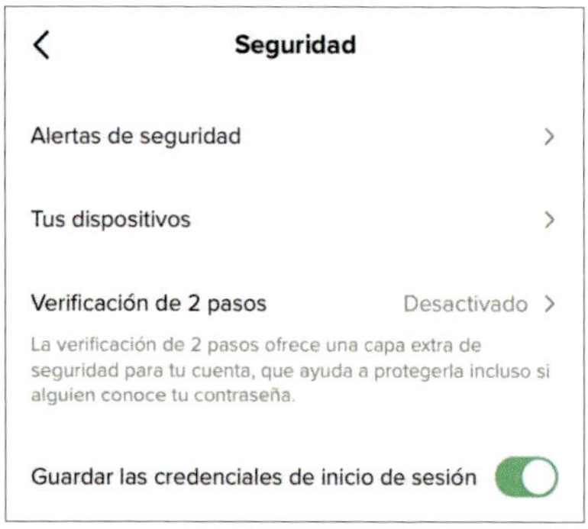

El siguiente menú, 'Seguridad', ofrece una gran cantidad de parámetros ajustables como quién puede enviarte mensajes directos, quién puede hacer un dúo con tus vídeos o quién puede comentarlos. Además, desde aquí es posible filtrar comentarios y bloquear ciertas cuentas.

Una vez seleccionadas y deseleccionadas todas las opciones que como usuario consideres, has de volver al menú inicial 'Ajustes y privacidad', para entrar en 'Seguridad', donde se abre otra pantalla con más ajustes.

A través de esta, se puede saber si la cuenta es segura comprobando si ha habido algún tipo de actividad inusual durante los últimos siete días; en qué dispositivos has iniciado sesión y lo que denominan como Verificación de dos pasos, que supone una capa extra de seguridad.

Cuando hayamos fijado qué parámetros nos interesan para el tipo de cuenta que tenemos activa, podemos volver al menú inicial 'Ajustes y privacidad' y hacer *scroll* (descender) sobre el menú para llegar hasta el 'Centro de seguridad'. Al clickar sobre esta opción, aparece una página completa donde TikTok declara cuál es su misión y qué medidas y normas de seguridad mantiene respecto a la cuenta del usuario, los contactos, los contenidos y los propios efectos que tienen cabida dentro de la red social.

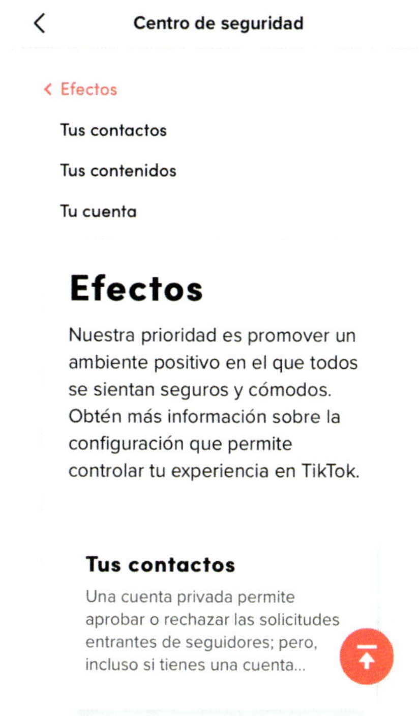

Dentro del 'Centro de seguridad' que pone a disposición de todos sus usuarios, resulta muy sencillo conocer qué tipo de medidas y normas sigue la red social para garantizar la privacidad de los que abren una cuenta dentro de la aplicación. Con todas estas opciones e información disponible, es fácil protegerse dentro del universo TikTok. Aunque siempre hay que tener en cuenta que es necesario leer la letra pequeña para conocer al detalle todas las declaraciones de la red social. Asimismo, la gran cantidad de parámetros ajustables que ofrece la plataforma de vídeos, son interesantes según el tipo de cuenta que tengas, ya que no será igual la privacidad que quiere tener un *tiktoker* o *influencer*, que se gana la vida gracias a los contenidos que comparte, que la que desea una persona ajena al mundo de los negocios en la app. Sin embargo, es importante conocer todas estas opciones de seguridad y privacidad, para saber hasta qué punto estamos o no expuestos cuando facilitamos el acceso a cada una de las aplicaciones que tenemos instaladas en nuestros dispositivos.

Bienestar digital, qué es y cómo lograrlo

No cabe duda de que vivimos en una sociedad hiperconectada, que pasa horas pegada al teléfono móvil, a la *tablet* y a los ordenadores. En muchas ocasiones, las personas se ven obligadas a estarlo por motivos laborales, sin embargo, el problema surge cuando terminan la jornada y siguen conectados a otros dispositivos. "Vivimos en una sociedad hiperconectada, pegados todo el día a dispositivos digitales que modifican nuestros hábitos diarios y, en el peor de los casos, nuestra conducta. La dedicación es cada vez mayor para evitar perdernos cosas o momentos intrascendentes, pero a los que damos una importancia mayúscula", afirman expertos como Jordi Ubach, consultor y formador en ciberseguridad. La huella digital que dejamos en internet, gracias a las publicaciones que realizamos, contiene pistas sobre la salud física y mental de los internautas. Así, estudios como el realizado por la facultad de Educación y Psicología de la Universitat de Girona, determina que: "Con una muestra de unos 1.100 adolescentes catalanes, observamos que variables de personalidad como la impulsividad o la inestabilidad emocional están relacionadas con el uso problemático de las tecnologías de la información y la comunicación (TIC)". Así lo diagnosticaba la doctora Sara Malo, profesora de Psicología social de dicha universidad.

Teniendo en cuenta los resultados de diferentes análisis en cuanto a los comportamientos de la sociedad en el uso de redes sociales y otras aplicaciones, grandes empresas como Google o Apple crearon el concepto 'bienestar digital', aunque la idea la ha patentado Android (Google). Así, se trata de un kit de funciones integradas dentro de todos los *smartphones* Android 10 con el que es posible controlar funciones relacionadas con gestión del contenido y uso de los dispositivos. Con este concepto se plantea la necesidad de que la tecnología nos ayude a tener una vida mejor y más completa, pero sin entorpecer otras actividades igualmente necesarias. Actualmente, Google cuenta con un gran número de aplicaciones que ayudan al usuario a no abusar del teléfono móvil. Apple, por su parte, integra en su sistema operativo una función que cumple con el mismo objetivo. Esto puede resultar confuso, pues ¿qué ganan las grandes compañías tecnológicas favoreciendo la reducción de horas frente a los dispositivos? Según está establecido el modelo de negocio actual, cuanto más tiempo pasen los usuarios conectados, más anuncios verán, lo que se transforma en más ingresos. Sin embargo, las empresas tecnológicas fomentan la disminución de uso. En opinión de algunos expertos, se trata de una respuesta gentil hacia la presión pública. Así, lo explica Santiago Sánchez, director de Programas eBusinnes de La Salle-URL: "Por un lado, quieren tener el control porque cuando a las personas nos preocupa mucho un tema, si eres líder del sector y no recoges esa preocupación, otro lo hará. Y del otro, lo hacen para posicionarse en un mercado, el del bienestar digital, en el que tienen muy mala imagen".

A finales de 2019, Google estrenaba nueva función de bienestar digital: 'Focus'. Esta nace con un objetivo muy claro: vencer a la tentación de atender a nuestros dispositivos mientras trabajamos, siempre y cuando estos no pertenezcan a la acción laboral. La función permite seleccionar una lista de aplicaciones que no podremos utilizar durante un tiempo establecido. De esta forma, es posible desactivar WhatsApp o Instagram, por ejemplo, mientras trabajamos para que nuestra atención no se detenga donde no lo tiene que hacer. El truco está en el tiempo máximo de "deshabilitación", pues se establecen desde los 5 hasta los 30 minutos. Lo cual resulta lógico, ya que, si el usuario pasa mucho tiempo desconectado, Google dejaría de ganar dinero.

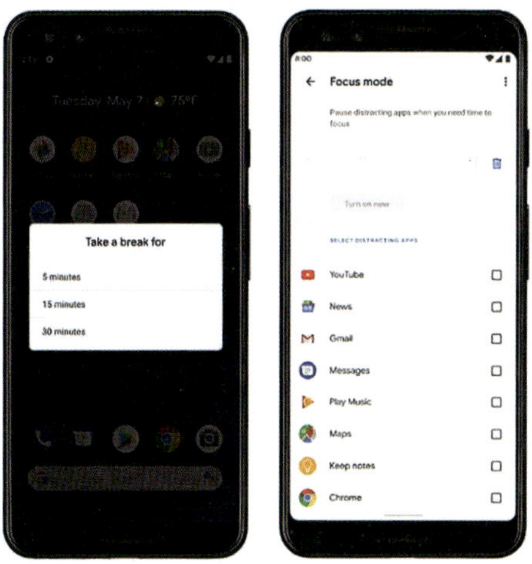

Menú de la función 'Focus' de Google, imagen extraída del artículo "El bienestar digital de Google estrena una nueva función: 'Focus'" en el medio online Cincodias de *El País*.

Además de esta función que ayuda a la gestión propia del uso del dispositivo, Google también apuesta por funciones para controlar el tiempo de empleo de los dispositivos de nuestros hijos. Lo hacen a través de la aplicación 'Family Link', que permite limitar las horas de uso, las apps que se pueden o no instalar e, incluso, las páginas que pueden visitar.

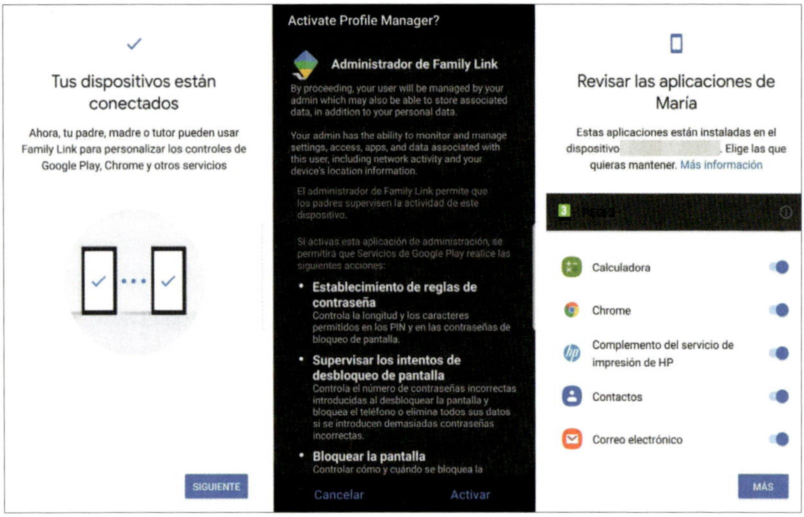

Menú de 'Family Link' de Google, imagen extraída del artículo 'Google Family Link: así puedes controlar toda la actividad de los móviles de tus hijos' en el medio online Cincodias de *El País*.

Esta función solo es aplicable en dispositivos Android, en caso de querer llevarlo a cabo en un iPhone habría que recurrir a las propias herramientas propuestas por Apple, que detallan en su web. De esta manera es posible establecer restricciones de contenido y privacidad; impedir compras en App Store y iTunes o impedir el acceso a cierto contenido web.

Mac iPad iPhone Watch TV Music Soporte

Utilizar los controles parentales del iPhone, iPad y iPod touch de tus hijos

Las restricciones de contenido y privacidad de Tiempo de uso te permiten bloquear o limitar apps y funciones específicas del dispositivo de tus hijos. También puedes restringir los ajustes de tu iPhone, iPad o iPod touch para contenido explícito, compras y descargas, y privacidad.

- Establecer restricciones de contenido y privacidad
- Impedir compras en iTunes y App Store
- Permitir apps y funciones integradas
- Impedir contenido explícito y con calificaciones concretas
- Impedir contenido web
- Restringir la búsqueda web de Siri
- Restringir Game Center
- Permitir cambios en los ajustes de privacidad
- Permitir cambios en otros ajustes y funciones

Establecer restricciones de contenido y privacidad

1. Ve a Ajustes y pulsa Tiempo de uso.
2. Pulsa Continuar y, después, elige "Este es mi [dispositivo]" o "Este es el [dispositivo] del niño".
   - Si eres padre, madre o tutor legal y quieres impedir que otro miembro de la familia cambie los ajustes del dispositivo, pulsa Usar código para "Tiempo de uso" a fin de crear un código e introduce el código otra vez para confirmarlo. En iOS 13.4 y versiones posteriores, tendrás que introducir tu ID de Apple y contraseña después de confirmar el código. Puedes usar este método para restablecer el código de Tiempo de uso si lo has olvidado.
   - Si estás configurando Tiempo de uso en el dispositivo de tus hijos, sigue las indicaciones hasta llegar a Código de padres e introduce un código. Introduce de nuevo el código para confirmar la acción. En iOS 13.4 y versiones posteriores, tendrás que introducir tu ID de Apple y contraseña después de confirmar el código. Puedes usar este método para restablecer el código de Tiempo de uso si lo has olvidado.
3. Pulsa Restricciones de contenido y privacidad. Si se te pide, introduce el código y activa Contenido y privacidad.

Asegúrate de elegir un código distinto al que usas para desbloquear el dispositivo. Para cambiar o desactivar el código del dispositivo de tus hijos, pulsa Ajustes > Tiempo de uso > [el nombre de tus hijos]. A continuación, pulsa Cambiar el código de "Tiempo de uso" o Desactivar el código de "Tiempo de uso" y valida el cambio con Face ID, Touch ID o el código de tu dispositivo.

Imágenes extraídas de la página web oficial de Apple 'Utilizar los controles parentales del iPhone, iPad y iPod touch de tus hijos'.

Impedir compras en iTunes y App Store

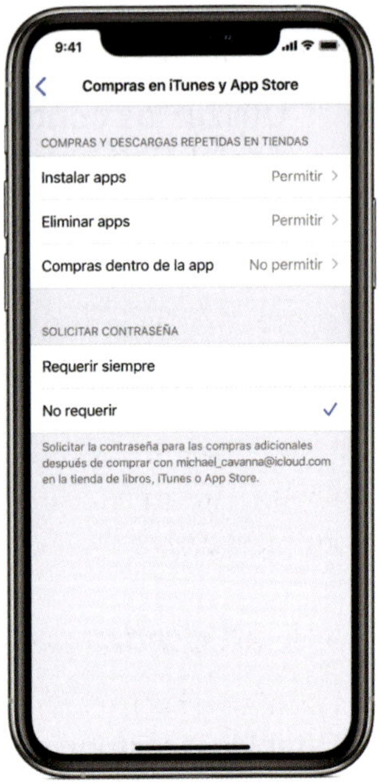

También puedes evitar que tus hijos instalen o eliminen apps, realicen compras dentro de las apps y mucho más. Para impedir compras o descargas en iTunes y App Store:

1. Ve a Ajustes y pulsa Tiempo de uso.
2. Pulsa Restricciones de contenido y privacidad. Si se te pide, introduce tu código de acceso.
3. Pulsa Compras en iTunes y App Store.
4. Elige un ajuste y establécelo en No permitir.

También puedes cambiar el ajuste de contraseña para compras adicionales en iTunes y App Store o Book Store. Sigue los pasos 1 a 3 y escoge Solicitar siempre o No solicitar.

Impedir contenido web

iOS puede filtrar automáticamente el contenido de los sitios web con el objetivo de limitar el acceso a contenido para adultos en Safari y las apps del dispositivo. También puedes añadir sitios web específicos a una lista de aprobados o bloqueados, o limitar el acceso únicamente a los sitios web aprobados. Sigue estos pasos:

1. Ve a Ajustes > Tiempo de uso.
2. Pulsa Restricciones de contenido y privacidad, e introduce el código de Tiempo de uso.
3. Pulsa Restricciones de contenido y privacidad y, a continuación, Contenido web.
4. Elige Acceso no restringido, Limitar el acceso a webs para adultos o Solo sitios web permitidos.

En función del acceso permitido, es posible que debas aportar más información, como el sitio web que quieres restringir.

Aunque las grandes tecnológicas pongan a nuestro alcance aplicaciones y funciones tanto para el control parental, como el límite propio de los dispositivos, es mucho más favorable la educación tecnológica, que la prohibición o el control. Así lo determina Sara Malo, la doctora en Psicología social de la facultad de Educación y Psicología de la Universitat de Girona: "Las investigaciones constatan que la base del uso responsable reside en la alfabetización mediática, que no sólo se basa en el desarrollo de habilidades tecnológicas sino, sobre todo, en desarrollar habilidades sociales, como el trabajo colaborativo o la capacidad crítica para discernir y analizar la información que manejan los usuarios. El control o la restricción a través de una app puede ser sólo una solución parcial, porque ni educa ni muestra modelos de un uso correcto ni las oportunidades que la tecnología nos puede ofrecer".

TikTok en contra del *ciberbullying*

Esta corriente hacia el bienestar digital nos lleva directamente hacia el *ciberbullying*. Tal y como se especificaba en el capítulo 2, uno de los motivos del éxito de la app ha sido su postura clara y firme frente al ciberacoso. Así, dentro del propio menú donde explican cómo funciona la red social, qué herramientas existen y qué medidas toman frente a la Covid-19, incluyen un punto que se titula 'Anti-Bullying'.

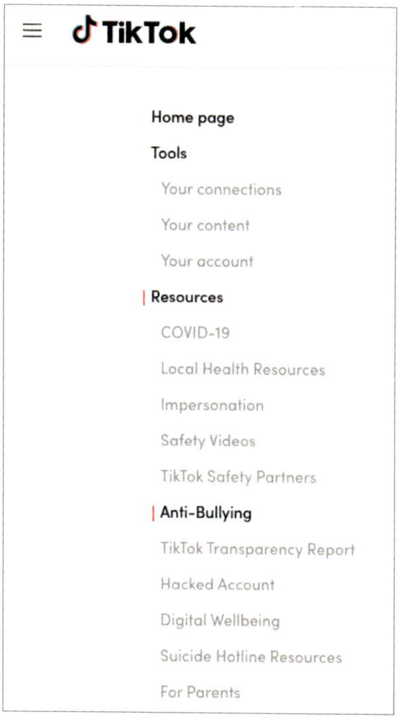

En este punto, que no está traducido al español, se detallan las acciones que toma la plataforma para evitar el ciberacoso. "Online bullying can take many forms, from a trolling video to an unwanted comment. As a global community that thrives on creativity and expression, it's important to us that users feel safe and comfortable within the TikTok community." (El acoso *online* puede aparecer de muchas formas, desde un vídeo falso hasta un comentario no deseado. Como comunidad global, que apuesta por la creatividad y la expresión, es importante para nosotros mantener seguros y cómodos a toda la comunidad de TikTok.) Con estas palabras dan paso a una serie de ajustes que permiten manejar las interacciones no deseadas y restringir el contenido publicado. Entre ellas se encuentran:

- ❑ Haz tu cuenta privada.
- ❑ Selecciona quién puede hacer dúos contigo.
- ❑ Elimina los comentarios que no consideres adecuados.
- ❑ Elige quién puede comentar tus contenidos.
- ❑ Bloquea a los usuarios que puedan llegar a molestarte, tanto para que no puedan ver tu perfil, como para que no puedan enviarte mensajes privados.

Además de estos ajustes, la plataforma social invita a que si como usuarios somos testigos de que alguien está siendo acosado se reporte a TikTok siguiendo sus indicaciones.

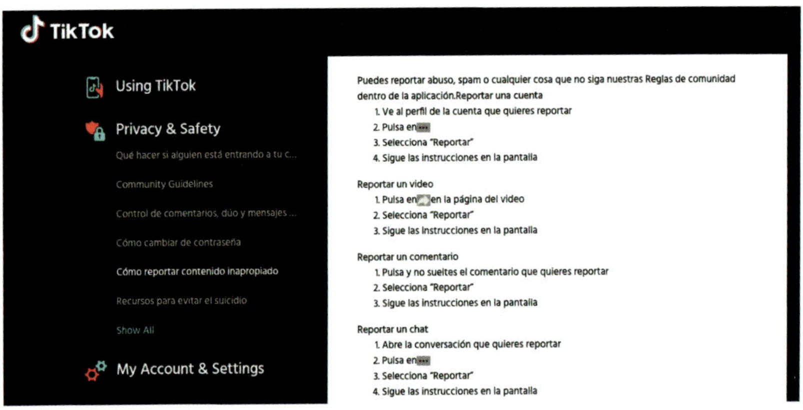

Para el territorio español esas son todas las opciones que pone la red social a disposición de los usuarios. Sin embargo, si te encuentras dentro de Estados Unidos, existen recursos adicionales como 'ConnectSafely': "Organización sin fines de lucro dedicada a educar a los usuarios de tecnología conectada sobre seguridad, privacidad y seguridad." O 'StopBullying.gov', que enseña a identificar casos de *ciberbullying* y propone herramientas para hacerle frente.

¿Qué ocurre con los derechos de autor dentro de la red social?

En TikTok hay, principalmente, dos maneras de crear contenido: siendo el creador original de todo lo que forma parte del vídeo (tanto audio, como imagen) o, bien, cogiendo un vídeo o sonido de muestra, subido por otro usuario, y proponiendo tu propia versión. De esta manera, queda en evidencia que hay una línea muy fina con los derechos de autor. La red social afirma que "La creatividad de nuestros usuarios es la base y el motor de TikTok. Nuestra plataforma permite que los usuarios brillen dando rienda suelta a su libertad de expresión y hacemos todo lo posible para protegerla." Y continúan: "Nuestras Normas de Comunidad y los Términos de Servicio prohíben cualquier contenido que atente o vulnere la propiedad intelectual de terceros. Aceptamos las solicitudes válidas de retiro de contenido que se fundamenten en el incumplimiento de las leyes de derechos de autor, como la ley estadounidense Digital Millennium Copyright Act (DMCA). Tras recibir la correspondiente y válida notificación del titular de los derechos de una posible vulneración de los derechos de propiedad intelectual, TikTok retira el contenido infractor en el tiempo y la forma adecuada.

Toda actividad que infrinja los derechos de autor de otros puede dar lugar a la suspensión o eliminación de la cuenta." A este texto añaden una tabla donde especifican los avisos por infracción de derechos de autor y el porcentaje de solicitudes en las que se procedió a eliminar parte del contenido.

Copyrighted Content Take-down Notices	Percentage of Requests Where Some Content was Removed
1338	82.6%

Tabla publicada por TikTok en su Reporte de Transparencia

Más allá de saber que TikTok cumple con la regulación impuesta por la ley estadounidense *Digital Millennium Copyright Act* (DMCA), es imprescindible conocer cómo actúa frente a la Ley de Propiedad Intelectual, que una vez más no está explicada en español. En cuanto a ello expone: "TikTok respects the intellectual property rights of others, and we expect you to do the same. TikTok's Terms of Service and Community Guidelines do not allow posting, sharing, or sending any content that violates or infringes someone else's copyrights, trademarks or other intellectual property rights". (TikTok respeta los derechos de propiedad intelectual de los demás y esperamos que usted haga lo mismo. Los Términos de Servicio y los Lineamientos de la Comunidad de TikTok no permiten publicar, compartir o enviar ningún contenido que viole o infrinja los derechos de autor, marcas comerciales u otros derechos de propiedad intelectual de otra persona.) Seguidamente, manifiesta: "We do not allow any content that infringes copyright. Any use of copyrighted content of others without proper authorization or legally valid reason may lead to a violation. In some cases, you may be required to provide evidence to prove that you are entitled to use copyrighted content of others". (No permitimos ningún contenido que infrinja los derechos de autor. Cualquier uso de contenido con derechos de autor de terceros sin la debida autorización o una razón legalmente válida puede dar lugar a una infracción. En algunos casos, se le puede solicitar que proporcione pruebas para demostrar que tiene derecho a utilizar contenido protegido por derechos de autor de otros.)

Asimismo, aclaran que es posible notificar cuando haya infracciones en el respeto de los derechos de autor: "If you believe that your copyright-protected work was posted on TikTok's site or app, or otherwise hosted by TikTok without authorization, you may submit a copyright infringement notification" (Si cree que su trabajo protegido por derechos de autor fue publicado en TikTok, o alojado por TikTok sin autorización, puede enviar una notificación de infracción de derechos de autor.) Y, a continuación, detallan qué debe incluir la notificación para que pueda ser valorada:

- ❑ Una dirección de correo, una dirección postal y un número de teléfono para que el equipo de TikTok pueda contactar con la persona denunciante, en caso de necesitarlo.

- ❑ Una descripción clara y completa del trabajo con el que se han infringido los derechos de autor.
- ❑ La URL o un identificador para localizar el trabajo presuntamente infringido.
- ❑ Una declaración de que afirma de buena fe que el uso del material no ha sido autorizado por el propietario de los derechos de autor, su agente o la ley.
- ❑ Una declaración, bajo pena legal, de que la información anterior es verdadera y que la persona demandante es la propietaria de los derechos de autor o está autorizada para actuar en nombre del propietario.
- ❑ La firma física o electrónica del propietario de los derechos de autor o un representante autorizado.

Una vez completos todos los requisitos, la denuncia se puede enviar mediante el formulario de notificación de infracción de copyright; por correo electrónico a copyright@tiktok.com o por correo postal, siempre que se resida dentro de territorio estadounidense.

Además de ser estrictos frente a Ley de Propiedad intelectual, lo son respecto al uso no autorizado de una marca, eslogan o identidad, ya sea por parte de un individual o de un colectivo. Así, alegan: "TikTok's policies prohibit any content that infringes on another person's trademark. Using another person's trademark in a way that may mislead or confuse people to believe that you are affiliated with the trademark owner may be a violation of our trademark policy". (Las políticas de TikTok prohíben cualquier contenido que infrinja la marca comercial de otra persona. Usar la marca comercial de otra persona de una manera que pueda inducir a error o confundir a las personas para que crean que usted está afiliado al propietario de la marca comercial puede ser una violación de nuestra política de marcas comerciales.) Sin embargo, no consideran que sea una violación de nuestra política de marcas comerciales el uso de una marca siempre y cuando el propósito sea hacer referencia a dicha marca o, bien, se haga para comparar la marca con otra, en cuanto a sus productos o servicios.

Pese a las diferentes declaraciones de cumplimiento con la normativa y ley vigente, TikTok concluye con una nota general que dictamina que "TikTok no está en posición de resolver disputas entre terceros y es posible que no pueda eliminar el contenido o suspender la cuenta que informó por infracción o violación. Como alternativa, es posible que desee ponerse en contacto con la persona que publicó el contenido o que es propietaria de la cuenta para intentar resolver su problema directamente." Y mantienen que "Como usuario de TikTok, eres responsable del contenido que publicas. Si tiene preguntas sobre la ley de derechos de autor o la ley de marcas comerciales, como preguntas sobre si su contenido o su uso del nombre o la marca de otra persona infringe o viola los derechos de otra persona, le recomendamos que se comunique con un abogado." Así, queda reflejado y escrito por parte de la plataforma social que, aunque hayas registrado los derechos de cierto contenido, no siempre tienes las de ganar si no cuentas con un abogado externo. Por ello, es fundamental hacer un uso responsable y consciente de la red social, para que los derechos de autor nunca se tengan que ver puestos en tela de juicio, ni que haya que lamentar la pérdida de los mismos por publicar contenido en una red social.

8

MÁS ALLÁ DE TIKTOK

TikTok es una de las redes sociales que más enemigos se ha ganado en menos tiempo. Y, asimismo, ha sido la más popular de los últimos años entre usuarios de todo el planeta. Es inevitable reconocer que es una red social que lo tiene todo. Es divertida, el usuario puede explotar al máximo su creatividad, te atrapa en su *feed* y es posible hacerse viral sin contar con un gran número de seguidores. Además, su sistema de recomendaciones trabaja constantemente para que, aproximadamente, el 90% del contenido que se muestra a los usuarios sea de su interés. Las grandes tecnológicas, como Facebook o los mercados más potentes del momento, como el propio gobierno de India, por ejemplo, han empleado todos los métodos a su alcance para acabar con la aplicación. Sin embargo, sigue manteniéndose firme, batiendo récords de descargas tanto en App Store como en Google Play. De hecho, en esta última durante el primer trimestre de 2020, consiguió arrebatarle el trono a WhatsApp, que lideraba el ranking desde 2016.

Uno de sus enemigos más evidentes es Mark Zuckerberg, el fundador y CEO de Facebook. Sus constantes peticiones de bloqueo de la app fueron decisivas para que el presidente de Estados Unidos, Donald Trump, tomara la decisión de prohibir TikTok en el país. Mientras que los grandes poderes norteamericanos intentan derribar a TikTok, esta se posiciona con 500 millones de usuarios en todo el mundo y ya son más de 100 los que pertenecen al territorio estadounidense. El poder económico y geopolítico es el principal motivo de disputa entre estos países. Y esto ha traspasado las fronteras hasta llegar al uso y bloqueo de aplicaciones tan populares como TikTok.

Top Apps Worldwide for January 2020 by Downloads (Non-Game) — SensorTower

	Overall Downloads	App Store Downloads	Google Play Downloads
1	TikTok	TikTok	TikTok
2	WhatsApp	YouTube	WhatsApp
3	Facebook	Instagram	Facebook
4	Instagram	WhatsApp	Instagram
5	Messenger	Facebook	Messenger
6	Likee	Messenger	Likee
7	SHAREit	Netflix	SHAREit
8	TikTok Wall Picture	Google Maps	TikTok Wall Picture
9	Snapchat	Gmail	Snapchat
10	YouTube	Kuaishou	UC Browser

Aplicaciones más descargadas en enero de 2020 según Sensor Tower. Tabla extraída del artículo 'Cuáles son las 10 aplicaciones más descargadas del mundo' de Infobae

Mitos sobre TikTok

El universo de la aplicación china es tan amplio que todo tiene cabida. Desde vídeos para entrenar partes del cuerpo que no eras conscientes de que existían, hasta bailes atrevidos y bromas de lo más divertidas. El límite lo pone la creatividad de cada uno. Aunque es cierto que, durante el año 2020, y sobre todo durante el confinamiento, la red social ha conseguido hacer un marketing perfecto para lograr ser la "red social de moda". Muchos la empezaron a conocer por ser la plataforma social en la que los jóvenes pasaban horas, porque como siempre ocurre con este tipo de aplicaciones: "si no estás ahí, no existes". A esto se sumaba la idea de que con TikTok te puedes hacer famoso en cuestión de horas y que, además, en la app se puede hacer de todo. Sin embargo, aunque sea una realidad que es una de las redes sociales más divertidas y populares del mercado, no todo lo que se ha contado sobre ella hasta ahora ha sido cierto.

- "Es la red social que utilizan todos los adolescentes." Esta afirmación no es totalmente verdadera, ya que solo el 20% de sus usuarios tiene menos de 19 años. El mayor aglomerado de usuarios se localiza entre los 20 y los 24 años (un 32%). Aunque lo que sí es cierto es que los jóvenes entre 13 y 18 años son los más activos dentro de la aplicación.
- "TikTok es un competidor muy peligroso para Instagram en España." Sí, TikTok es competencia directa de la red social norteamericana y, aunque a nivel mundial la ha superado en número de descargas, en España todavía sigue teniendo más popularidad Instagram. A principios de 2020, TikTok se posicionaba en el puesto número 14 de las redes sociales más utilizadas en España. A lo largo del año, TikTok ha logrado ganar puestos en el ranking, pero por el momento todavía no se sitúa por delante de Instagram.
- "Los jóvenes se pasan todo el día metidos en TikTok." La verdad es que no es así. Los usuarios de la app solo pasan un promedio de 52 minutos al día dentro de la red social, según un informe de Business of Apps. Lo que sí es verídico es que durante el confinamiento el uso diario aumentó, aunque no se hayan publicado todavía datos sobre ello. Para poder hacernos una idea, en el mes de mayo de 2020 TikTok sumó cerca de 112 millones de descargas a nivel global, más del doble de las que consiguió en mayo del año anterior.
- "Los *influencers* de Instagram también lo son en TikTok." Nada más lejos de la realidad. Aunque hay excepciones, por el momento, la red social china tiene sus propios *influencers*, que han nacido dentro de la app. Ya que para tener éxito en TikTok es imprescindible crear vídeos divertidos y entretenidos. Mientras que en Instagram vale con subir una foto bien hecha y bien editada.
- "Todas las empresas están realizando acciones publicitarias en TikTok." No en España. En países como Estados Unidos sí hay activas muchas campañas, pero en España, de momento, no es fácil ver este tipo de acciones. Aunque son pocas las que lo están haciendo, sí hemos podido presenciar ya algunas

campañas publicitarias de marcas españolas en TikTok, como la acción del piloto Marc Márquez y la marca Donettes.

- "TikTok no es una red social segura." Esta declaración es verdad a medias. Pese a que ya se ha prohibido en India, y que Donald Trump lleva meses intentando bloquearla, todavía no se han expuesto públicamente datos que demuestren que la red social no sea segura en cuanto a la privacidad de sus usuarios alrededor de todo el mundo. Sin embargo, sí es cierto que la app tuvo que pagar una multa de 5,7 millones de dólares por la violación de la ley de privacidad de los niños tras monitorizar ilegalmente información personal de menores.

Como sucede habitualmente ni es verdad todo lo que se cuenta bueno, ni tampoco lo es lo malo.

Curiosidades de TikTok

Sin duda, es la aplicación del 2020 y el resto de redes sociales lo saben. Por ese motivo, Instagram se puso las pilas e incluyó *Reels* entre sus funciones. Tanto ha sido el éxito de la app que, aunque al principio triunfaba sobre los más jóvenes, ya ha traspasado todas las fronteras de la edad. Ejemplo de ello es el actor Anthony Hopkins, de 82 años, que se unió a la red social a través del ritmo de Drake.

- Esta es una de las curiosidades más llamativas acerca de la plataforma: lo que empezó siendo una app solo para jóvenes ha acabado logrando una popularidad indescriptible entre todos los rangos de edad. Cabe

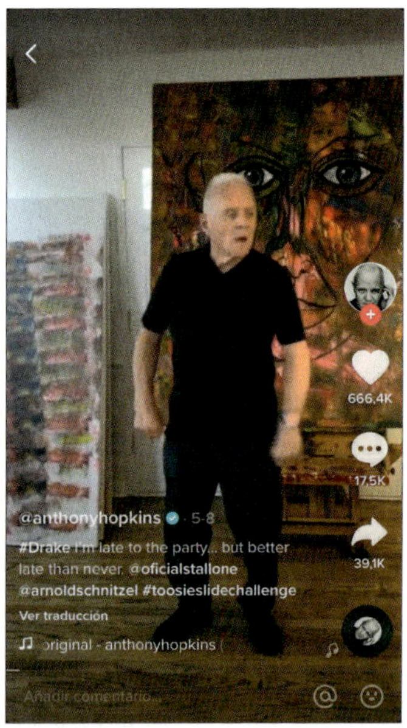

Vídeo completo en el perfil oficial de TikTok de Anthony Hopkins destacar que, actualmente, el 27% de los usuarios se encuentran entre los 30 y los 40 años.

- A veces, el contenido no se hace viral por la persona que lo protagoniza, sino que, en muchas ocasiones, el verdadero protagonista es un sonido. Esto fue lo que sucedió con el *hit* "Old Town Road" de Lil Nas X y Billy Ray Cyrus, que se volvió un fenómeno viral como banda sonora de una infinidad de vídeos dentro de la plataforma.
- Es posible compartir contenido de la app en otras redes sociales. En las opciones de compartir de TikTok existe la posibilidad de subirlo directamente a Instagram o enviarlo por WhatsApp, por ejemplo.
- Se puede ganar mucho dinero con TikTok. En España ya hay varios *tiktokers* que ingresan una buena cantidad de dinero gracias a sus vídeos. Un ejemplo son las gemelas vascas Paula y Aitana Etxebarria @twinmelody (suman más de 14 millones de *followers*), que triunfan con su contenido. Mayoritariamente, se dedican a subir coreografías.

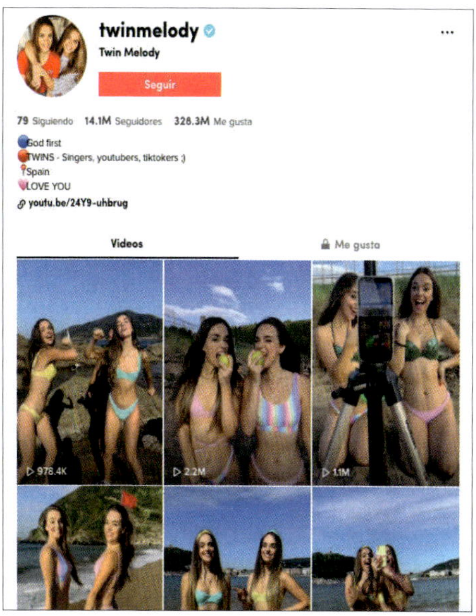

Perfil oficial de @twinmelody en TikTok

- Dentro de TikTok se puede manejar dinero "real". La red social permite la compra de unas monedas propias a través del llamado 'Programa Diamante', que se pueden canjear por dinero real. Estas se pueden emplear como regalo a aquel contenido que más te guste.

Los secretos mejor guardados de TikTok

Desde 2019, la red social china se ha visto atacada en numerosas ocasiones. El principal ataque que se le ha hecho está relacionado con uno de sus secretos mejor guardados: su colaboración con el gobierno chino. TikTok afirma que ni colabora, ni proporciona información de los usuarios al gobierno, mientras que India y Estados Unidos le acusan de hacerlo.

Otro de los interrogantes que se esconde tras la aplicación es la política que aplica a la gestión de algunos de sus contenidos. Muchos usuarios han acusado a TikTok de bloquearles vídeos que denunciaban algún tipo de vulneración de derechos humanos en China. Sobre todo, en lo que se refiere a la represión que sufren muchos ciudadanos en campos de concentración. Es conocido el caso de la adolescente norteamericana Feroza Aziz, cuya cuenta fue bloqueada por TikTok tras publicar un vídeo de belleza encubierto que trataba la represión en el país asiático. Una vez salió en los medios, TikTok declaró que se había tratado de un error humano. A pesar de que la red social se disculpó públicamente con la joven, Feroza Aziz sigue sin poder abrir la aplicación en su móvil.

Aunque, indudablemente, el mayor de sus secretos es su sistema de recomendaciones, que medio revelaron a finales de junio 2020. TikTok se hacía eco en la prensa global de que había hecho público el funcionamiento de su sistema de recomendaciones, que asegura que el 90% del contenido que visualizan los usuarios son de su interés. En el capítulo 1 se explica más detalladamente cómo actúa el sistema para que las recomendaciones de la sección 'Para ti' dentro de la aplicación sean altamente interesantes para los usuarios. Sin embargo, más allá de explicar que se basaban en ciertos parámetros como las interacciones del usuario o el contenido de los vídeos creados no aportaron mucha más información. Son totalmente conscientes de que esto es una de las claves de su éxito y no pueden exponerla de una manera tan sencilla y de forma gratuita.

Nadie puede saber a ciencia cierta qué ocurrirá con esta red social que ha cambiado todos los esquemas y estrategias del mercado. Lo que sí ha quedado claro durante estos años desde su lanzamiento mundial es que ha revolucionado todo y que, a pesar del acoso y derribo que está sufriendo por parte de las grandes potencias, ha conseguido mantenerse firme y seguir creciendo. Pase lo que pase en un futuro con ella, ya somos más de 500 millones en todo el mundo los que disfrutamos y nos divertimos cada día gracias a TikTok.

APÉNDICE

LOS *TIKTOKERS* MÁS DESTACADOS

▷ EN EL MUNDO

- Charli D'Amelio - @charlidamelio
- Addison Rae - @addisonre
- Zach King - @zachking

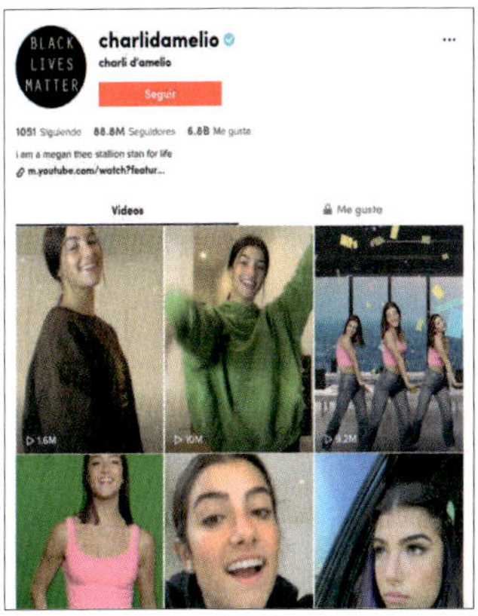

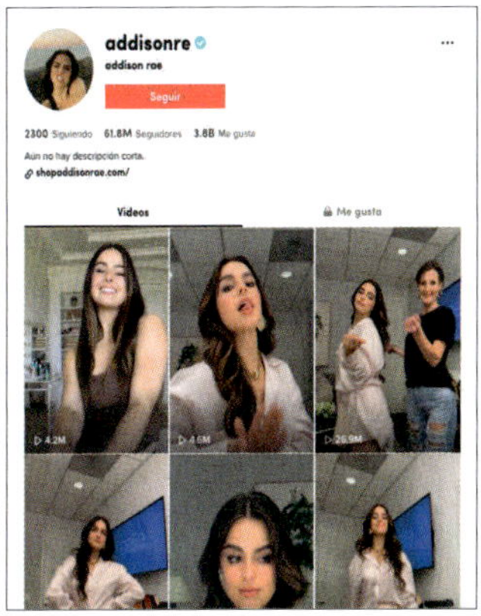

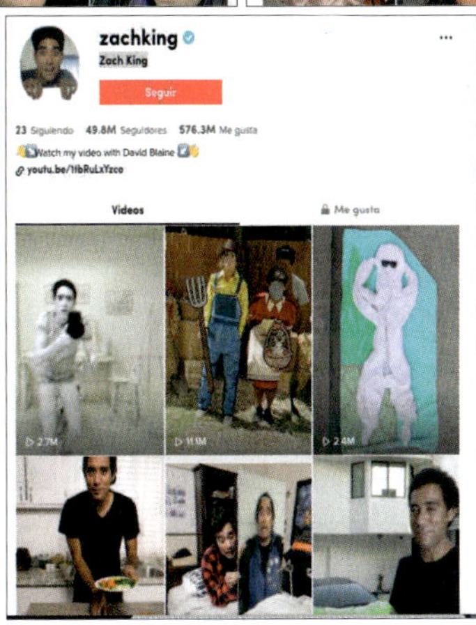

▷ EN ESPAÑA

- Naim Darrechi - @naimdarrechi
- Twin Melody - @twinmelody
- Samuel López - @samuellopez_

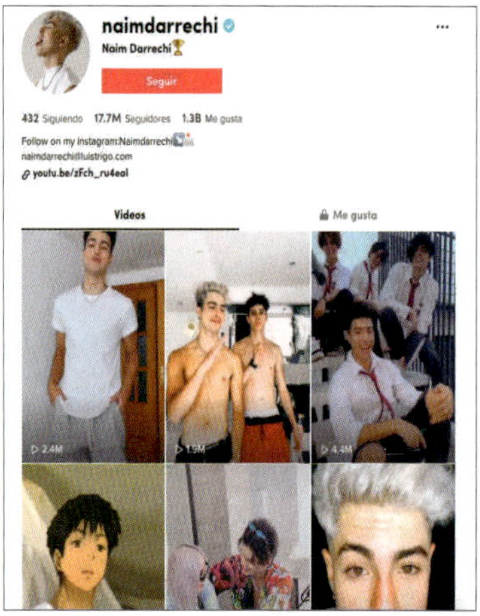

▷ EN LATINOAMÉRICA

- Rodrigo Contreras - @elrodcontreras
- Dome Lipa - @domelipa
- Lele Pons - @lelepons

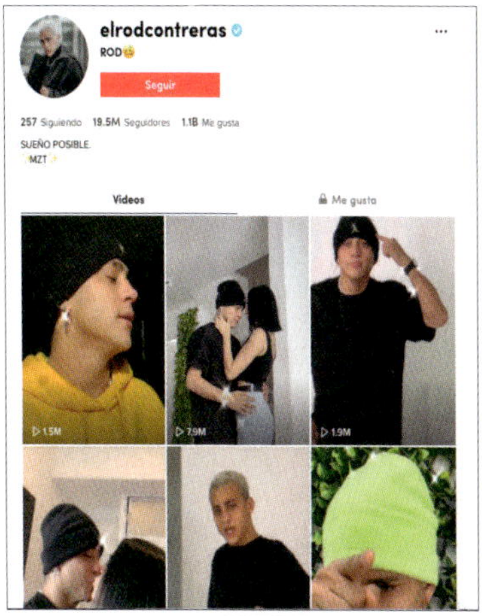

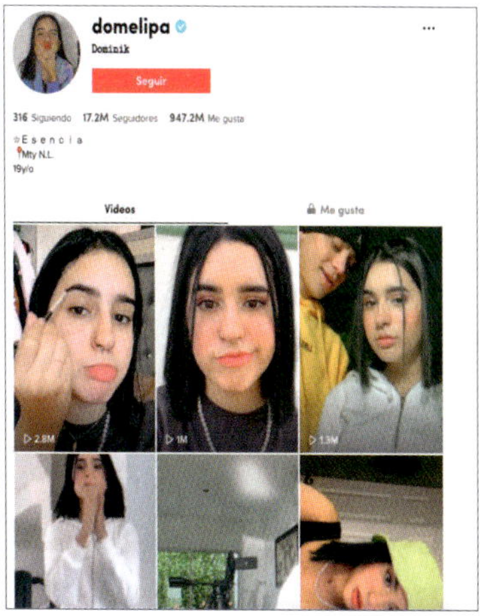

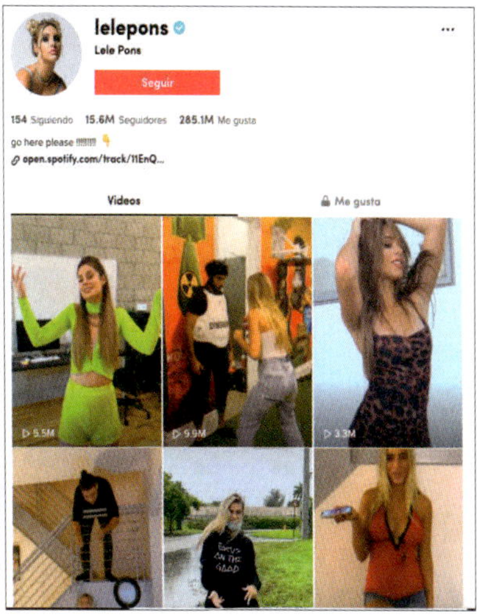

RECURSOS *ONLINE*

* Inside the rise of TikTok, the viral video-sharing app wildly popular with teens and loathed by the Trump administration
https://www.businessinsider.nl/tiktok-app-online-we-
bsite-video-sharing-2019-7/

* Top 20 TikTok statistics: key facts, figures & data
https://mediakix.com/blog/top-tik-tok-statistics-demo-
graphics/

* Sensor Tower
https://sensortower.com/

* Byte Dance
https://www.bytedance.com/en/

* TikTok Business Model: The Rise Of Creative Social Media Powered By AI
https://fourweekmba.com/tiktok-business-model/

* Global Instagram Users 2019
https://www.emarketer.com/content/global-instagram-
users-2019

* TikTok vs Instagram, la batalla del video
https://emprendedoresnews.com/marketing/tiktok-vs-instagram-la-batalla-del-video.html

* +120 Hashtags de tendencia en TikTok para ganar más Me Gusta y seguidores en 2020
https://influencermarketinghub.com/es/hashtags-de-tendencia-en-tiktok/

* TikTok: cinco pistas para que las empresas saquen el mayor partido a esta red social
https://byzness.elperiodico.com/es/gestion-empresarial/20200804/tiktok-claves-empresas-saquen-partido-8060162

* Consejos para captar clientes en redes sociales
https://byzness.elperiodico.com/es/empresarios/20190619/consejos-captar-clientes-redes-sociales-7510824

* Formación digital The Valley
https://thevalley.es/

* La irónica respuesta de Policía Nacional al anuncio de 'Narcos' en la Puerta del Sol
https://verne.elpais.com/verne/2016/12/18/articulo/1482079144_107822.html

* Hitting the streets: 6 killer examples of guerrilla street marketing
https://sketchevents.co.uk/2017/09/6-killer-examples-of-guerrilla-street-marketing/

* Nanoinfluencers, los nuevos caballos de batalla de las marcas
https://byzness.elperiodico.com/es/innovadores/20181215/nanoinfluencers-7202550

* The State of Influencer Marketing 2020: Benchmark Report
https://influencermarketinghub.com/influencer-marketing-benchmark-report-2020/

* Las 7 marcas con más seguidores en TikTok
https://www.trecebits.com/2019/12/18/las-7-marcas-con-mas-seguidores-en-tiktok/

* TikTok For Business
https://www.tiktokforbusinesseurope.com/es/

* TikTok centro de seguridad
https://www.tiktok.com/safety?lang=es

* Las claves de por qué la India ha prohibido Tik Tok y otras 'apps' chinas
https://www.technologyreview.es/s/12404/las-claves-de-por-que-la-india-ha-prohibido-tik-tok-y-otras-apps-chinas

* The Deadly India-China Clash: Spiked Clubs and Fists at 14,000 Feet
https://www.wsj.com/articles/spiked-clubs-and-fists-at-14-000-feet-the-deadly-india-china-clash-11592418242

* Trump veta TikTok y WeChat y aboca a una guerra en los tribunales en EE UU
https://cincodias.elpais.com/cincodias/2020/08/07/companias/1596777408_483422.html

* Microsoft to continue discussions on potential TikTok purchase in the United States
https://blogs.microsoft.com/blog/2020/08/02/microsoft-to-continue-discussions-on-potential-tiktok-purchase-in-the-united-states/

* Microsoft's proposed purchase of TikTok would be its biggest yet
https://www.economist.com/graphic-detail/2020/08/04/microsofts-proposed-purchase-of-tiktok-would-be-its-biggest-yet

* Donald Trump apoya la compra de TikTok por Oracle
https://www.expansion.com/empresas/tecnologia/2020/08/19/5f3cd423468aebd0158b45b9.html

* Reporte de Transparencia de TikTok
https://www.tiktok.com/safety/resources/transparency-report

* Our first Transparency Report
https://newsroom.tiktok.com/en-gb/transparencyreport

* Can Trump ban TikTok? What the executive order means – explained
https://www.theguardian.com/technology/2020/aug/07/donald-trump-tiktok-executive-order-explainer

* Should you delete TikTok? Here's what experts say about the app Trump wants to ban
https://www.theguardian.com/technology/2020/jul/16/tiktok-video-sharing-app-should-you-delete-it

* El bienestar digital de google estrena una nueva función: 'Focus'
https://cincodias.elpais.com/cincodias/2019/12/05/lifestyle/1575557507_207551.html

* ¿Agobiado por el móvil? Conoce las claves para mejorar tu bienestar digital
https://www.lavanguardia.com/vivo/psicologia/20191124/471574078969/bienestar-digital-que-es-riesgos-abuso-movil.html

* Google Family Link: así puedes controlar toda la actividad de los móviles de tus hijos
https://cincodias.elpais.com/cincodias/2019/10/08/lifestyle/1570541292_485563.html

* TikTok Legal
https://www.tiktok.com/legal/copyright-policy?lang=en

* Facebook CEO Mark Zuckerberg Stoked Washington's Fears About TikTok
https://www.wsj.com/articles/facebook-ceo-mark-zuckerberg-stoked-washingtons-fears-about-tiktok-11598223133?utm_campaign=%5Bcovid19%5D+Tech+Impac&utm_content=564872&utm_medium=email&utm_source=cio&utm_term=197008

* China vs India: las claves para entender la larga disputa fronteriza que generó un enfrentamiento que dejó varios soldados muertos
https://www.bbc.com/mundo/noticias-internacional-52871613

* El lado oscuro de TikTok, el rey chino de los vídeos relámpago
https://elpais.com/economia/2020/01/16/actualidad/1579191053_051932.html

* ¿Sirve TikTok para obtener resultados en marketing digital? Los principales mitos sobre Tik Tok derribados
https://pedrorojas.es/sirve-tiktok-para-obtener-resultados-en-marketing-digital-los-principales-mitos-sobre-tik-tok-derribados/

* Digital 2020 en España
https://wearesocial.com/es/blog/2020/02/digital-2020-en-espana

BIBLIOGRAFÍA

Watch, Share or Create: The Influence of Personality Traits and User Motivation on TikTok Mobile Video Usage, de Bahiyah Omar y Wang Dequan, University Sains Malaysia https://www.learntechlib.org/p/216454/

Facebook para Dummies, de Cristina Aced y Eva Sanagustín

Libro Blanco Marketing de Influencers, noviembre 2019. iab spain

TikTok Ads Platform Manual Book, 2019/20

La evolución de la publicidad como instrumento de comunicación. Aplicación al caso de Fanta, http://uvadoc.uva.es/handle/10324/40275

Investigar las redes sociales. Un acercamiento interdisciplinar, https://books.google.es/books?id=CkHHDwAAQBAJ&lpg=PA133&ots=-X8UR-g4cY&dq=evolucion%20publicidad%20redes%20sociales&lr&hl=es&pg=PA133#v=onepage&q=evolucion%20publicidad%20redes%20sociales&f=false

Algunos títulos de la colección:

Todos los títulos de la colección *Taller de:*

Taller de música:

Cómo leer música - Harry y Michael Baxter
Lo esencial del lenguaje musical - Daniel Berrueta y Laura Miranda
Apps para músicos – Jame Day
Entrenamiento mental para músicos – Rafael García
Técnica Alexander para músicos – Rafael García
Cómo preparar con éxito un concierto o audición – Rafael García
Las claves del aprendizaje musical - Rafael García
Técnicas maestras de piano - Steward Gordon
El Lenguaje musical - Josep Jofré i Fradera
Home Studio - cómo grabar tu propia música y vídeo – David Little
Cómo componer canciones – David Little
Cómo ganarse la vida con la música – David Little
El Aprendizaje de los instrumentos de viento madera – Juan Mari Ruiz
La técnica instrumental aplicada a la pedagogía – Juan Mari Ruiz
Cómo potenciar la inteligencia de los niños con la música – Joan María Martí
Cómo desarrollar el oído musical – Joan María Martí
Ser músico y disfrutar de la vida – Joan María Martí
Aprendizaje musical para niños - Joan María Martí
Aprende a improvisar al piano - Agustín Manuel Martínez
Mejore su técnica de piano – John Meffen
Musicoterapia - Gabriel Pereyra
Cómo vivir sin dolor si eres músico – Ana Velázquez
El artista sin dolor - Ana Velázquez
Guía práctica para cantar en un coro – Isabel Villagar
Guía práctica para cantar – Isabel Villagar
Cómo enseñar a cantar a niños y adolescentes - Isabel Villagar
Pedagogía práctica de la Guitarra - José Manuel González
Produce y distribuye tu música online - Aina Ramis
Cómo formar una banda de rock - Aina Ramis

Taller de teatro:

La Expresión corporal - Jacques Choque
La Práctica de los monólogos cómicos – Gabriel Córdoba
El arte de los monólogos cómicos – Gabriel Córdoba
Guía práctica de ilusionismo – Hausson
Cómo montar un espectáculo teatral – Miguel Casamajor y Mercè Sarrias
Manual del actor – Andrés Vicente

Taller de teatro/música:

El Miedo escénico – Anna Cester

Taller de cine:

Producción de cine digital – Arnau Quiles y Isidre Montreal
Nuevos formatos de cine digital - Arnau Quiles

Taller de comunicación:

Hazlo con tu Smartphone – Gabriel Jaraba
Periodismo en internet – Gabriel Jaraba
Youtuber – Gabriel Jaraba

Taller de escritura:

Cómo escribir el guion que necesitas – Miguel Casamajor y Mercè Sarrias
El scritor sin fronteras – Mariano Vázquez Alonso
La novela corta y el relato breve – Mariano Vázquez Alonso